安全生产法看图一点通

冯美华 著

中国法制出版社
CHINA LEGAL PUBLISHING HOUSE

致亲爱的读者

人的一生，不可避免地会遇到很多法律问题。衣食住行、婚姻继承、劳动就业……各种领域都蕴含着无尽的法律问题。但现实生活中，不少公民却法律意识淡薄，对一些关乎自身利益的法律知识一无所知或者一知半解。不懂法的结果就是：吃亏了都不知道怎么回事，被告上法庭还不知道自己错在哪儿，受了窝囊气却不知道如何维护权益，让公司辞退了不知道怎样据理力争……

学习法律，是一件利人利己的事。随着 2020 年我国《民法典》的出台，全国上下掀起了一股学习法律的热潮，让法律服务生活，让法律规范秩序、让法律服务你我成为大众看待法律的新视角。越来越多的人愿意关注法律、依法办事和维权。

在此，为了帮助读者知法、懂法，进而更好地守法、用法，依法办事和维权，我们编写了“看图一点通”系列，本系列丛书的主要特色如下：

一、兼具全面性与时代性

丛书以读者的生活、工作、学习为出发点，设置了若干分册，基本覆盖了各领域的法律知识点，极具全面性；并且，丛书围绕如《民法典》、《土地管理法》、《安全生产法》（2021 年修订）等新颁布或修正的法律，结合当前社会生活实际，提炼了大量“热点问题”，具有很强的现实意义，相信一定能给读者以代入感，从而激发读者学法的积极性。

二、大众能够看得懂

百姓不懂法，在很大程度上是由于法律条文和法律图书枯燥难懂。本丛书尽力避免法律图书严谨有余而通俗不足的通病，将原本枯燥难懂的法律知识用短小、简单的案例表现出来。案情介绍简洁流畅，法律讲堂切中要害，对法律知识的解说深入浅出，避免使用艰深的法律术语，行文通俗，贴近百姓生活。同时，本丛书配有一些辅助理解的场景插画，让读者朋友们轻轻松松读懂法律。

三、读者一定能用得上

丛书的每一个分册都涵盖了与该领域相关的重要、常用的法律知识，选取的多是典型的真实案例。而法律讲堂部分给出的结论一般是法院通行的判决结果，并附有对应的法律条文依据。读者可以从中查询更多、收获更多。

四、方便阅读与检索

遇到法律问题后，读者朋友可以直接通过查询本书目录，找到相关问题，查看相关案例和点评，找到法律依据，还可以随用随查一部分文书范本。本丛书就像是读者朋友的“私人法律顾问”，遇到法律问题“照方抓药”即可。

五、纠纷能得到顺利合理解决

丛书所选问题常见多发，所选案例典型常见，法律讲堂切中要点，法律依据来源准确，文书范本随用随查，还有“私人法律顾问”般的善意提醒和诉讼指导。有了这一切，相信您的麻烦和纠纷一定能得到顺利合理解决，您的烦恼也会一去不复返！

目录

第1章 安全生产基本问题

第2章 单位的安全生产保障责任

第3章 安全生产的教育与培训

第4章 员工的安全生产权利义务

第 1 章 安全生产基本问题

1. 生产安全事故应由谁全面负责?

案例背景

唐某是南村的村民，组织南村的青壮年成立了南村施工工程公司。最近唐某接到了一个高层建筑的单子，该单利润较大，就是工期很短，单凭施工队现在的人手根本不可能按时完成。唐某情急之下，临时在北村又找了 10 个人加入公司。新招的这 10 个人以前都没有施工经验，在工地现场，唐某给他们主要安排一些辅助性的工作。新来的小王主要帮助老张架钢筋，可是小王没有把钢筋按要求架牢。有一天恰逢刮大风，一根钢筋松动，从 65 楼掉了下去，砸伤了工友小马和小李，两人随即被送往医院，小马经抢救无效死亡，小李重伤。唐某和小王都觉得非常恐惧，害怕自己会坐牢。

学法有疑

安全生产工作责任包括哪些呢？

法律讲堂

根据《安全生产法》第 5 条的规定，生产经营单位的主要负责人是本单位安全生产第一责任人，对本单位安全生产工作全面负责。根据《安全生产法》第 21 条的规定，唐某应该对安全生产工作所负的职责包括：建立健全并落实本单位全员安全生产责任制，加强安全生产标准化建设；组织制定并实施本单位安全生产规章制度和操作规程；组织制定并实施本单位安全生产教育和培训计划；保证本单位安全生产投入的有效实施；组织建立并落实安全风险分级管控和隐患排查治理双重预防工作机制，督促、检查本单位的安全生产工作，及时消除生产安全事故隐患；组织制定并实施本单位的生产安全事故应急救援预案；及时、如实报告生产安全事故。唐某作为生产经营单位的主要负责人，是本单位安全生产第一责任人，应当依法履行自己在安全生产方面的职责，做好本单位的安全生产工作。

法律条文

《中华人民共和国安全生产法》

第五条 生产经营单位的主要负责人是本单位安全生产第一责任人，对本单位的安全生产工作全面负责。其他负责人对职责范围内的安全生产工作负责。

第二十一条 生产经营单位的主要负责人对本单位安全生产工作负有下列职责：

（一）建立健全并落实本单位全员安全生产责任制，加强安全生产标准化建设；

（二）组织制定并实施本单位安全生产规章制度和操作规程；

（三）组织制定并实施本单位安全生产教育和培训计划；

（四）保证本单位安全生产投入的有效实施；

（五）组织建立并落实安全风险分级管控和隐患排查治理双重预防工作机制，督促、检查本单位的安全生产工作，及时消除生产安全事故隐患；

（六）组织制定并实施本单位的生产安全事故应急救援预案；

（七）及时、如实报告生产安全事故。

生产经营单位的主要负责人应当明确自己是本单位安全生产第一责任人，对本单位的安全生产工作全面负责，其他负责人对职责范围内的安全生产工作负责。主要负责人和其他负责人应当按照法律规定认真履行各项职责，保证本单位生产工作的安全进行，及时消除生产安全事故的隐患，避免生产安全事故的发生。

2. 我国对于安全生产的总体要求是什么？

早知道这样，就应该严格按照国家的安全生产要求生产的，不能有侥幸心理啊。

案例背景

王某经营着一家鞭炮厂，今年的生意尤其好，订单比往年都多，鞭炮的囤积量越来越大，仓库里已经装不下了。王某一时租不到闲置的仓库，就决定把装不下的鞭炮暂时放进鞭炮厂空置的保安休息室里。鞭炮在休息室存放了一天之后突然爆炸，造成了严重的人员伤亡。居民听到爆炸声马上报警，警察随即赶到救助伤者并对现场进行检查，发现休息室旁就是锅炉房，休息室温度过高，加上鞭炮厂有鞭炮制造不规范的情况，部分鞭炮燃点过低，所以引发了爆炸。王某面对这样的结局，后悔地说："早知道这样，就应该严格按照国家的安全生产要求生产的，不能有侥幸心理啊。"

学法有疑

我国在安全生产方面的总体要求是什么？

法律讲堂

我国在安全生产方面的总体要求是安全生产工作的方向。《安全生产法》第 3 条规定："安全生产工作坚持中国共产党的领导。安全生产工作应当以人为本，坚持人民至上、生命至上，把保护人民生命安全摆在首位，树牢安全发展理念，坚持安全第一、预防为主、综合治理的方针，从源头上防范化解重大安全风险。安全生产工作实行管行业必须管安全、管业务必须管安全、管生产经营必须管安全，强化和落实生产经营单位主体责任与政府监管责任，建立生产经营单位负责、职工参与、政府监管、行业自律和社会监督的机制。"这也就是我国在安全生产方面的总体要求。

在本案中，王某既没有按照鞭炮的生产标准生产鞭炮，也没有将鞭炮存放到安全区域，违反了《安全生产法》中"安全第一、预防为主、综合治理"的方针，违反了安全生产工作"管行业必须管安全、管业务必须管安全、管生产经营必须管安全"的原则，未把安全生产落到实处。

法律条文

《中华人民共和国安全生产法》

第三条 安全生产工作坚持中国共产党的领导。

安全生产工作应当以人为本，坚持人民至上、生命至上，把保护人民生命安全摆在首位，树牢安全发展理念，坚持安全第一、预防为主、综合治理的方针，从源头上防范化解重大安全风险。

安全生产工作实行管行业必须管安全、管业务必须管安全、管生产经营必须管安全，强化和落实生产经营单位主体责任与政府监管责任，建立生产经营单位负责、职工参与、政府监管、行业自律和社会监督的机制。

一句话说法

生产经营单位的主要负责人应当了解国家在安全生产方面的总体要求、方针政策，在安全生产过程中应当以人为本，坚持安全第一、预防为主、综合治理的方针，遵守管行业必须管安全、管业务必须管安全、管生产经营必须管安全的安全生产工作原则，把安全生产落到实处。

3. 发生生产安全事故应当如何追究责任？

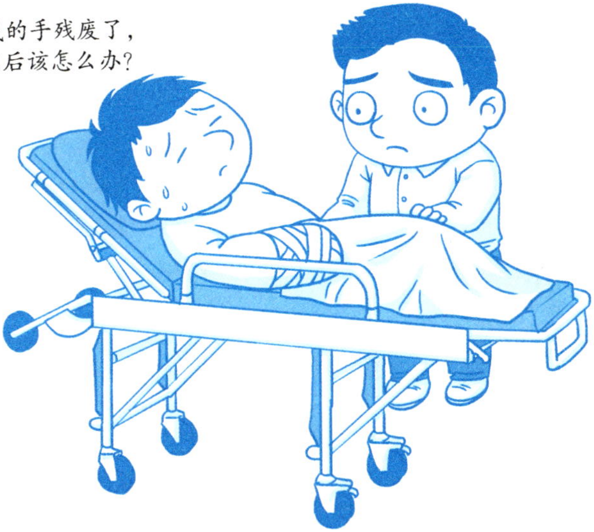

案例背景

某大型汽车机床制造厂前几年生意一直不太好，因此厂里的工人相对较少。最近，因为新政策的支持，该厂接到了比原来多一倍的订单。由于工厂人手不足，没法及时完成订单，因此该厂厂长临时以较高的薪水招聘了50名工人，但其中有不少人没有接触过此类工作，由于时间紧、任务重，工厂也没有给他们安排专业培训。结果在工作的过程中发生了事故，新来的小李的手被机器所伤，经鉴定为6级伤残。

学法有疑

在本案中应当怎样追究事故责任？我国的生产安全事故责任追究制度是怎样设计的？

法律讲堂

生产安全事故责任追究制度是指对事故责任单位和责任人员根据其责任性质和大小，依照不同法律、法规追究其行政责任、民事责任或刑事责任的一种制度。根据《安全生产法》第16条的规定，国家实行生产安全事故责任追究制度，依照《安全生产法》和有关法律、法规的规定，追究生产安全事故责任单位和责任人员的法律责任。

在本案中，该厂没有为新来的工人安排入职前培训，导致小李因为缺乏专业技能而发生生产安全事故造成伤残，因此应当追究该厂及其厂长相应的责任。

法律条文

《中华人民共和国安全生产法》

第十六条 国家实行生产安全事故责任追究制度，依照本法和有关法律、法规的规定，追究生产安全事故责任单位和责任人员的法律责任。

对于生产安全事故的责任追究，我国相关的法律、法规都有规定。根据事故责任单位和责任人员的责任性质及大小，应依法追究相关责任人员的行政责任、民事责任或刑事责任。

第2章 单位的安全生产保障责任

4. 生产经营单位的安全生产条件不符合法律规定的怎么办?

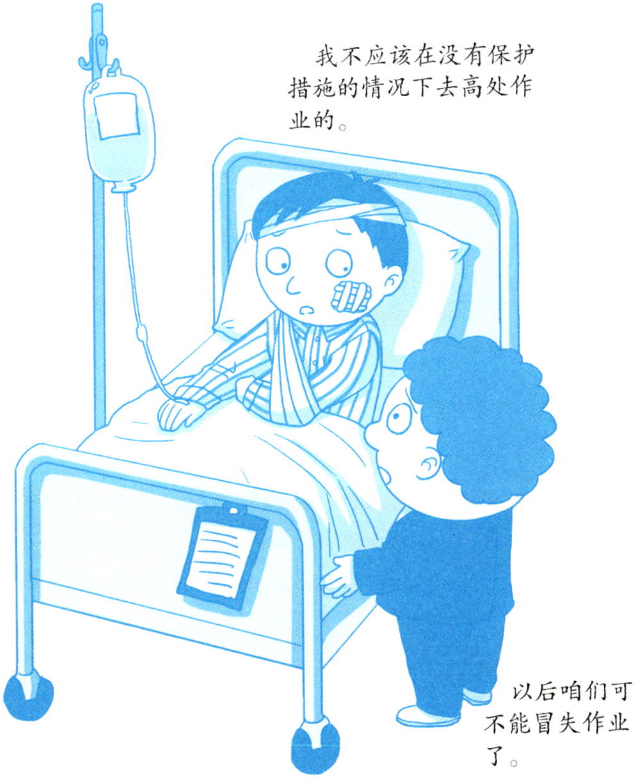

案例背景

某建筑公司承包了一个地铁建设项目。在项目施工期间，该项目部主任要求电焊工小王爬到4米高的一处平台进行焊接作业。由于工地上经常进行这种没有保护措施的作业，小王没有多想就听从主任指挥，爬上平台进行焊接。就在焊接的过程中，平台突然断裂，小王从4米高处掉了下来，被人立刻送往医院进行救治，所幸没有生命危险。该事故上报后，有关部门对该公司的安全生产条件是否符合法律规定进行了检查。经查，该公司不具备安全生产条件，有关部门遂责令该公司立即停止施工，并停业整顿。

学法有疑

生产经营单位的安全生产条件不符合法律规定的怎么办？

法律讲堂

安全是生产经营的重中之重，生产经营单位必须符合安全生产条件。根据《安全生产法》第20条的规定，生产经营单位应当具备《安全生产法》和有关法律、行政法规和国家标准或者行业标准规定的安全生产条件；不具备安全生产条件的，不得从事生产经营活动。生产经营企业具备了安全生产条件，才能将发生生产安全事故的可能性降到最低，才能保障工人的生命健康权益。依据《安全生产法》第113条的规定，生产经营单位经停产停业整顿，仍然不具备法律、行政法规和国家标准或者行业标准规定的安全生产条件的，负有安全生产监督管理职责的部门应当提请当地人民政府予以关闭，有关部门应当依法吊销其有关证照。并且，该单位的主要负责人在五年内不得担任任何生产经营单位的主要负责人。如果情节严重的话，其终身不得担任该行业生产经营单位的主要负责人。

本案中，该公司不具备安全生产条件，不得从事生产经营活动，相关部门为保障生产安全，根据法律规定要求其停产停业整顿是合法的。

法律条文

《中华人民共和国安全生产法》

第二十条 生产经营单位应当具备本法和有关法律、行政法规和国家标准或者行业标准规定的安全生产条件；不具备安全生产条件的，不得从事生产经营活动。

第一百一十三条 生产经营单位存在下列情形之一的，负有安全生产监督管理职责的部门应当提请地方人民政府予以关闭，有关部门应当依法吊销其有关证照。生产经营单位主要负责人五年内不得担任任何生产经营单位的主要负责人；情节严重的，终身不得担任本行业生产经营单位的主要负责人：

（一）存在重大事故隐患，一百八十日内三次或者一年内四次受到本法规定的行政处罚的；

（二）经停产停业整顿，仍不具备法律、行政法规和国家标准或者行业标准规定的安全生产条件的；

（三）不具备法律、行政法规和国家标准或者行业标准规定的安全生产条件，导致发生重大、特别重大生产安全事故的；

（四）拒不执行负有安全生产监督管理职责的部门作出的停产停业整顿决定的。

一句话说法

生产经营单位必须具备相应的安全生产条件才可以进行生产经营活动，如果不具备安全生产条件，有关部门依法应当作出停产停业整顿的处罚，整顿后仍不具备规定的安全生产条件的，将被关闭并吊销有关证照。只有具备法律、行政法规和国家标准或行业标准规定的安全生产条件，才能保障生产经营单位的利益，才能保障工作人员的安全。

5. 建筑工地没有配备安全生产管理人员，是否可以责令限期改正?

案例背景

孙某在某建筑工地打工，建筑公司为了节省成本，没有按照规定配备专门负责安全生产管理的人员。孙某作为一名工人，也并不在乎此事，反而觉得有安全生产管理人员会给自己的工作带来诸多不便，如不得不接受安全生产教育等，这在孙某看来都是浪费时间。

然而就在工作的第七天，有关部门突击检查，发现建筑工地没有安全生产管理人员，于是责令建筑公司限期改正，但建筑公司负责人并未当回事，后因逾期仍未改正，该建筑公司被责令停业整顿，孙某也因此回家待业。

学法有疑

有关部门责令该公司配备安全生产管理人员的做法是否妥当？

法律讲堂

安全生产管理人员是企业非常重要的组成人员，生产经营中有一定危险的或者规模较大的企业都应当配备安全生产管理人员，以保障企业安全地开展生产经营活动。依据《安全生产法》第 24 条的规定，矿山、金属冶炼、建筑施工、运输单位和危险物品的生产、经营、储存、装卸单位，应当设置安全生产管理机构或者配备专职安全生产管理人员。此规定以外的其他生产经营单位，从业人员超过 100 人的，应当设置安全生产管理机构或者配备专职安全生产管理人员；从业人员在 100 人以下的，应当配备专职或者兼职的安全生产管理人员。

本案中，孙某所在的建筑公司依照上述规定属于应当设置安全生产管理机构或配备专职安全生产管理人员的单位，但该公司为了节省成本并未依法配备安全生产管理人员，其行为已经违反了法律规定。根据《安全生产法》第 97 条的规定，相关部门可以依法责令其改正。因此，安全生产许可证颁发部门在检查该建筑工地时，发现该建筑工地没有配备安全生产管理人员，依法对其作出责令限期改正的决定，并在其逾期未改正的情况下责令其停业整顿的做法是合理的。

法律条文

《中华人民共和国安全生产法》

第二十四条 矿山、金属冶炼、建筑施工、运输单位和危险物品的生产、经营、储存、装卸单位，应当设置安全生产管理机构或者配备专职安全生产管理人员。

前款规定以外的其他生产经营单位，从业人员超过一百人的，应当设置安全生产管理机构或者配备专职安全生产管理人员；从业人员在一百人以下的，应当配备专职或者兼职的安全生产管理人员。

第九十七条 生产经营单位有下列行为之一的，责令限期改正，处十万元以下的罚款；逾期未改正的，责令停产停业整顿，并处十万元以上二十万元以下的罚款，对其直接负责的主管人员和其他直接责任人员处二万元以上五万元以下的罚款：

（一）未按照规定设置安全生产管理机构或者配备安全生产管理人员、注册安全工程师的；

……

生产经营具有危险性的单位以及员工人数较多的生产经营单位必须依法设置安全生产机构或配备安全生产管理人员、注册安全工程师，否则在登记注册时会被拒绝注册，已注册的单位会被相关部门责令限期改正，甚至承担更严重的处罚。

6. 安全生产管理人员是否应当参与企业涉及安全生产的经营决策？

案例背景

谢某是某化工研究所的老员工，后通过安全生产考核，被单位任命为安全生产管理人员。近日来，谢某十分关注单位的某个关于安全生产的研讨会。谢某从他人口中听说，部门领导在研讨会上提出了修改安全生产规章制度的意见，并准备在下次会议上作出决定。谢某本以为自己作为安全生产管理人员，应当列席会议，但领导并未通知他参加会议。而且在接下来的会议中部门领导决定通过了对安全生产规章制度的修改，然后直接通知谢某对员工进行安全生产教育，推广新的安全生产规章制度。谢某觉得自己作为安全生产管理人员的重要性被领导忽视了，自己应当参与会议决策。

学法有疑

谢某是否应当参与修改安全生产规章制度的会议呢？

法律讲堂

单位的安全生产经营决策是否符合有关法律、法规的要求，是否符合本单位安全生产的实际情况，很多时候最了解这一情况的不是生产经营单位的领导，而是单位的安全生产管理人员。安全生产管理人员以及安全生产管理机构的人员往往都是企业里对生产过程最为熟悉的老员工，对于如何变更决策而不影响安全生产、对安全生产有利，这些专门负责安全生产管理的人员都更为清楚。因此，法律赋予了安全生产管理人员在单位安全生产经营决策作出过程中的话语权。

依据《安全生产法》第26条第2款的规定，生产经营单位作出涉及安全生产的经营决策，应当听取安全生产管理机构以及安全生产管理人员的意见。在本案中，化工研究所的领导修改安全生产规章制度，依照上述法律规定，应当通知谢某列席会议并听取谢某对于修改安全生产规章制度的意见。

法律条文

《中华人民共和国安全生产法》

第二十六条第二款 生产经营单位作出涉及安全生产的经营决策，应当听取安全生产管理机构以及安全生产管理人员的意见。

一句话说法

安全生产管理人员对于如何保证安全生产经营更加了解。因此，为了保证涉及安全生产的经营决策更加科学，作出决策之前应当听取安全生产管理人员的意见。否则，作出的决策可能不符合法律规定。

7. 生产经营单位的领导能否因安全生产管理人员依法履行职责而降低其资金待遇？

案例背景

关某从事煤矿生产数十年，为了追求进步，这些年来不断学习专业知识，是一名熟练的老工人。近年来，关某年龄越来越大，身体逐渐不能适应矿下艰苦的作业环境。关某听说矿上最近要设立安全生产管理人员的职位，便抓住机会认真学习了安全生产的知识，参加了安全生产考核，并取得了安全生产考核证书，顺利当上了煤矿的安全生产管理人员。在岗期间，关某认真履行监督职责。一次，因为井下瓦斯浓度不符合安全标准，关某阻止了工人下井施工，因此推后了采矿进度。这件事让煤矿领导很不愉快，领导想方设法在年终发放福利待遇时减少了关某的奖金。

学法有疑

煤矿领导减少关某的奖金的行为是否合法？

法律讲堂

制止和纠正违章指挥、强令冒险作业、违反操作规程的行为是安全生产管理人员的法定职责，有职责必有权利的保护。依据《安全生产法》第26条第3款的规定，生产经营单位不得因安全生产管理人员依法履行职责而降低其工资、福利等待遇或者解除与其订立的劳动合同。

本案中，关某为了保护煤矿工人的安全，在瓦斯浓度超标的情况下制止工人冒险作业，招致煤矿领导的不满。关某作为安全生产管理人员，上述行为是其依法履行职责的体现，该煤矿的领导利用自己的职权减少关某的奖金的行为是不合法的。关某可以通过与煤矿协商的方式维护自己的合法权益，如果协商不成的话，也可以通过申请劳动仲裁，利用法律途径来维权。

法律条文

《中华人民共和国安全生产法》

第二十六条第三款 生产经营单位不得因安全生产管理人员依法履行职责而降低其工资、福利等待遇或者解除与其订立的劳动合同。

安全生产管理人员应当依法履行其职责，并受到法律相应的保护。安全生产管理人员所在的生产经营单位不得因其履行职责而在福利待遇上针对安全生产管理人员作出不利的变动，否则，将受到法律的惩罚。

8. 单位领导是否可以直接任免安全生产管理人员？是否应当告知负有安全生产监督管理职责的部门？

案例背景

某化工厂的安全生产管理人员于某遭到了解雇，单位领导给出的解雇意见是于某屡次不服从领导安排，擅自指挥员工休息，导致化工厂利益遭受损失。于某觉得既无奈又伤心，自己作为安全生产管理人员，一心想做好本职工作，保障企业安全生产经营。因此，每次出现一些安全隐患的时候，于某就会认真负责地排查，同时让相关的员工停止工作，以防止发生意外。然而因为性格耿直，于某经常与领导发生争执，这才遭到了解雇。

学法有疑

于某的任免是否可以由厂领导直接决定？其权益应受到怎样的保护？

法律讲堂

安全生产管理人员在履行职责的时候，往往会与掌握整个企业业务的负责人产生分歧，一方面是因为思考问题的角度不同，另一方面是因为存在某些企业领导安全意识不强，只注重创造利润而忽视安全生产经营的情况。在这样的情况下，安全生产管理人员履行职责时往往会与企业领导产生矛盾，从而自身的合法利益很容易得不到保障。因此，法律从安全生产管理人员的任免上对其作出了保护。依据《安全生产法》第26条第4款的规定，危险物品的生产、储存单位以及矿山、金属冶炼单位的安全生产管理人员的任免，应当告知主管的负有安全生产监督管理职责的部门。

上述案例中，于某所在的化工厂属于法律规定的危险物品生产、储存单位，于某作为安全生产管理人员，其任免应当依法告知负有安全生产监督管理职责的部门，即当地的应急管理部门。对于化工厂领导借口辞退于某的行为，于某可以通过法律途径维护自己的合法权利。

法律条文

《中华人民共和国安全生产法》

第二十六条第四款 危险物品的生产、储存单位以及矿山、金属冶炼单位的安全生产管理人员的任免，应当告知主管的负有安全生产监督管理职责的部门。

为了保障安全生产管理人员的权益，危险物品的生产、储存单位以及矿山、金属冶炼单位的安全生产管理人员的任免应当告知主管的负有安全生产监督管理职责的部门，同时企业对于安全生产管理人员不能违法解除劳动合同。

9. 安全生产管理人员应当具备哪些条件？

案例背景

西郊铁矿厂的管理人员孙某在设立安全生产管理人员的职位时，为了方便以后的管理，想要任命表弟赵某为安全生产管理人员。孙某在会议上提出了该建议，得到其他领导人员的一致同意。而就在上报当地安监部门时，遭到了反对。安监部门认为赵某并不具备安全生产方面的知识和管理能力，并且没有按照规定通过相关考核，依照法律规定不能担任安全生产管理人员。

学法有疑

生产企业的安全生产管理人员应当具备哪些条件呢？

法律讲堂

企业任命安全生产管理人员不能草率为之，安全生产管理人员关系到企业最重要的事项——安全，因此必须具备一定的条件才可以担任。依据《安全生产法》第27条的规定，生产经营单位的主要负责人和安全生产管理人员必须具备与本单位所从事的生产经营活动相应的安全生产知识和管理能力。危险物品的生产、经营、储存、装卸单位以及矿山、金属冶炼、建筑施工、运输单位的主要负责人和安全生产管理人员，应当由主管的负有安全生产监督管理职责的部门对其安全生产知识和管理能力考核合格。同时依据该法第97条的规定，如果危险物品的生产、经营、储存、装卸单位以及矿山、金属冶炼、建筑施工、运输单位的主要负责人和安全生产管理人员未按照规定经考核合格，则要承担限期改正、罚款甚至停产停业整顿的法律责任。

本案中，西郊铁矿厂属于《安全生产法》第27条所列的企业类型之一，因此该单位的安全生产管理人员依法不仅要具备相应的安全生产知识和管理能力，还要通过主管的负有安全生产监督管理职责的部门的考核。赵某并不具备相关的安全生产管理知识和管理能力，安监部门拒绝其担任铁矿厂安全生产管理人员是依法办事，铁矿厂应当另外聘请具有专业安全知识和管理能力并通过考核的安全生产管理人员。

法律条文

《中华人民共和国安全生产法》

第二十七条 生产经营单位的主要负责人和安全生产管理人员必须具备与本单位所从事的生产经营活动相应的安全生产知识和管理能力。

危险物品的生产、经营、储存、装卸单位以及矿山、金属冶炼、建筑施工、运输单位的主要负责人和安全生产管理人员，应当由主管的负有安全生产监督管理职责的部门对其安全生产知识和管理能力考核合格。考核不得收费。

危险物品的生产、储存、装卸单位以及矿山、金属冶炼单位应当有注册安全工程师从事安全生产管理工作。鼓励其他生产经营单位聘用注册安全工程师从事安全生产管理工作。注册安全工程师按专业分类管理，具体办法由国务院人力资源和社会保障部门、国务院应急管理部门会同国务院有关部门制定。

第九十七条 生产经营单位有下列行为之一的，责令限期改正，处十万元以下的罚款；逾期未改正的，责令停产停业整顿，并处十万元以上二十万元以下的罚款，对其直接负责的主管人员和其他直接责任人员处二万元以上五万元以下的罚款：

……

（二）危险物品的生产、经营、储存、装卸单位以及矿山、金属冶炼、建筑施工、运输单位的主要负责人和安全生产管理人员未按照规定经考核合格的；

……

生产经营单位的安全生产管理人员应当具备安全生产知识和管理能力，危险程度较高的企业的安全生产管理人员更应当由通过主管的负有安全生产监督管理职责的部门考核的人员来担任，任用条件更为苛刻。企业对于安全生产管理人员的选择应当严格，若不合规定将受到相应的处罚。

10. 谁来负责派遣人员的安全生产教育工作?

案例背景

何某是由劳务派遣机构派遣到某工地进行机电装配工作的。虽然在工地工作，但工资由劳务派遣机构来结算，并且何某是与劳务派遣机构签订的劳动合同。何某以前做过机电装配工作，因此进入工地工作后直接开始工作，并未接受安全生产教育和培训。就在工作后没几天，监管部门进行检查，恰巧问到何某是否接受过安全生产教育和培训，何某将实情一五一十地说出，监管部门遂决定对责任者作出相应的处罚。

学法有疑

监管部门将对谁作出处罚？被派遣人员的安全生产教育工作由谁负责？

法律讲堂

劳务派遣人员与劳务派遣机构和用人单位两方都存在一定的联系，劳务派遣机构与劳动者之间的关系属于劳动关系，用人单位与劳动者之间的关系为劳务关系，两方与劳动者都具有一定的权利和义务关系。依据《安全生产法》第28条第2款的规定，生产经营单位使用被派遣劳动者的，应当将被派遣劳动者纳入本单位从业人员统一管理，对被派遣劳动者进行岗位安全操作规程和安全操作技能的教育和培训。劳务派遣单位应当对被派遣劳动者进行必要的安全生产教育和培训。如果生产经营单位未按照规定对从业人员、被派遣劳动者、实习学生进行安全生产教育和培训，或者未按照规定如实告知有关的安全生产事项，那么依据《安全生产法》第97条的规定要受到相应的处罚，包括责令限期改正、责令停产停业整顿、罚款。

上述案例中，劳动者何某的安全生产教育和培训工作应当由用人单位和劳务派遣机构共同负责，然而两方都没有对何某进行相关的教育培训。因此，监管部门应当对劳务派遣机构和工地都作出相应的处罚。

法律条文

《中华人民共和国安全生产法》

第二十八条第二款 生产经营单位使用被派遣劳动者的，应当将被派遣劳动者纳入本单位从业人员统一管理，对被派遣劳动者进行岗位安全操作规程和安全操作技能的教育和培训。劳务派遣单位应当对被派遣劳动者进行必要的安全生产教育和培训。

第九十七条 生产经营单位有下列行为之一的，责令限期改正，处十万元以下的罚款；逾期未改正的，责令停产停业整顿，并处十万元以上二十万元以下的罚款，对其直接负责的主管人员和其他直接责任人员处二万元以上五万元以下的罚款：

……

（三）未按照规定对从业人员、被派遣劳动者、实习学生进行安全生产教育和培训，或者未按照规定如实告知有关的安全生产事项的；

……

劳务派遣人员的安全生产教育和培训应当由用工单位和劳务派遣机构共同负责，其中任何一方不履行教育和培训劳务派遣人员的责任，都应当受到相关部门作出的责令停产停业整顿、罚款等相应的处罚。

11. 厂里引进新的设备，是否应当进行相关的教育和培训?

案例背景

某制药厂为了提高生产效率，从国家某实验室购买了新研制的一套药品生产设备，全部替换到了车间中。购买时，设备研发人员将使用和维护方法告知了制药厂经理，因为与之前的生产线操作方法大致相同，制药厂经理便决定由老员工直接尝试进行生产。其间并未发生意外，工人们对此操作还算熟练。然而，就在工人进行设备维护时，出现了与往常不同的情况，大家一时间手足无措。

学法有疑

厂里引进新的设备，是否必须进行相关的教育和培训?

法律讲堂

生产安全是生产经营的首要条件，要想保障生产能够持续稳定进行、保障劳动者的生命健康权益，企业必须确保生产安全，对职工进行必要的安全生产教育和培训。企业在引进新的生产设备时也应当对劳动者进行相关的教育和培训，以较少时间的投入换取较长时间的安全。《安全生产法》第29条规定，生产经营单位采用新工艺、新技术、新材料或者使用新设备，必须了解、掌握其安全技术特性，采取有效的安全防护措施，并对从业人员进行专门的安全生产教育和培训。由此可见，对使用新设备的从业人员进行专门的安全生产教育和培训是生产经营单位的法定义务。同时该法第97条规定，一旦生产经营单位未按照规定对从业人员进行安全生产教育和培训，或者未按照规定如实告知有关的安全生产事项的，要受到相应的处罚，包括责令限期改正、罚款、停产停业整顿。

本案中，虽然制药厂引进的生产线与以往的生产线在操作方法上并没有太大的区别，但毕竟是新的设备，与以往的设备还是存在一些区别的，制药厂应当先对工人进行相关的教育和培训再开始工作。由于制药厂违规未进行安全生产教育和培训工作，最后在维护设备时出现了问题，这是对劳动者、对企业自身的不负责任，所幸未造成损失。制药厂应当吸取教训，否则将会受到负有安全生产监督管理职责的部门的处罚。

法律条文

《中华人民共和国安全生产法》

第二十九条 生产经营单位采用新工艺、新技术、新材料或者使用新设备，必须了解、掌握其安全技术特性，采取有效的安全防护措施，并对从业人员进行专门的安全生产教育和培训。

第九十七条 生产经营单位有下列行为之一的，责令限期改正，处十万元以下的罚款；逾期未改正的，责令停产停业整顿，并处十万元以上二十万元以下的罚款，对其直接负责的主管人员和其他直接责任人员处二万元以上五万元以下的罚款：

……

（三）未按照规定对从业人员、被派遣劳动者、实习学生进行安全生产教育和培训，或者未按照规定如实告知有关的安全生产事项的；

……

企业引进新的设备，必须对员工进行安全生产教育和培训，以保证设备的顺利运行及保障员工的生命安全。如企业不履行其安全生产教育和培训义务且逾期不改正的，将受到相关处罚。

12. 谁对建设项目的安全设施设计负责?

案例背景

某建筑公司最近有一个项目要开发，公司开会决定将这个项目全权交给谭某负责。谭某作为项目的设计人决定项目的建设人选、建设单位等事项。谭某为了使企业获取更多的利润，自己多拿些提成，就让建设单位在建设过程中使用一些劣质的产品和工具。这样下来，虽然大大节省了成本，但设计建设的项目并不合格。在这种情况下，项目不合格产生的责任应该由谁承担呢?

法律讲堂

建设项目的安全设施设计尤为重要，而设计的质量如何与设计人及设计单位密切相关。因此，《安全生产法》第33条第1款规定，建设项目安全设施的设计人、设计单位应当对安全设施设计负责。

本案中，设计人只顾眼前的利益，违反相关法律法规的规定，设计建设时选择劣质产品和工具，这样的设计施工为以后埋下了安全隐患，如果以后发生安全问题，此次设计的设计人及设计单位应当对此负责。

法律条文

《中华人民共和国安全生产法》

第三十三条第一款 建设项目安全设施的设计人、设计单位应当对安全设施设计负责。

科学实用的工程设计是保障建设工程安全、合理、节约、高效的法宝。建设项目的负责人及设计单位都要对工程的设计、施工负责，必须安全施工，保证项目建成后的安全使用。

13. 装卸危险物品建设项目的安全设施设计应该报批审查吗?

案例背景

某运输公司于2000年设立，设立之初，主要从事木材运输工作。在此期间，公司也有盈利，不过因为近几年生意不景气，并没有赚到什么钱。经朋友介绍，公司负责人觉得从事危险品的运输利润较大，于是就向市场监督管理局申请，增加危险品的运输及装卸，并在某港口规划危险货物作业的建设项目。该负责人的朋友称，如果想要市场监督管理局审批通过，还需要向有关部门申请危险货物作业建设项目的安全设施设计审查，通过之后才行。是这样吗?

学法有疑

装卸危险物品建设项目的安全设施设计需要向有关部门报批审查吗?

法律讲堂

《安全生产法》第33条第2款规定，矿山、金属冶炼建设项目和用于生产、储存、装卸危险物品的建设项目的安全设施设计应当按照国家有关规定报经有关部门审查，审查部门及其负责审查的人员对审查结果负责。如果生产经营单位的矿山、金属冶炼建设项目或者用于生产、储存、装卸危险物品的建设项目没有安全设施设计或者安全设施设计未按照规定报经有关部门审查同意，那么依据该法第98条的规定，生产经营单位就要受到处罚，情节严重构成犯罪的，还要依照刑法有关规定追究刑事责任。

本案中，运输公司想要从事危险品的运输及装卸，在某港口规划危险货物作业的建设项目，按照法律规定，建设项目的安全设施设计需要向有关部门进行报批审查，审查通过后才能投入建设和运输，否则就要受到处罚。

法律条文

《中华人民共和国安全生产法》

第三十三条第二款 矿山、金属冶炼建设项目和用于生产、储存、装卸危险物品的建设项目的安全设施设计应当按照国家有关规定报经有关部门审查，审查部门及其负责审查的人员对审查结果负责。

第九十八条 生产经营单位有下列行为之一的，责令停止建设或者停产停业整顿，限期改正，并处十万元以上五十万元以下的罚款，对其直接负责的主管人员和其他直接责任人员处二万元以上五万元以下的罚款；逾期未改正的，处五十万元以上一百万元以下的罚款，对其直接负责的主管人员和其他直接责任人员处五万元以上十万元以下的罚款；构成犯罪的，依照刑法有关规定追究刑事责任：

……

（二）矿山、金属冶炼建设项目或者用于生产、储存、装卸危险物品的建设项目没有安全设施设计或者安全设施设计未按照规定报经有关部门审查同意的；

……

一句话说法

因为矿山、金属冶炼建设项目和用于生产、储存、装卸危险物品的建设项目是几类危险性较大的建设项目，因此对其安全设施设计需要经报批审查。在审查过程中，审查部门及其负责审查的人员也要严格把关。

14. 将未经报批审查验收的项目投入生产，会承担怎样的后果？

案例背景

某耐磨合金有限公司聘请了一位大学教授作为公司的技术顾问，教授发明的生产耐磨合金的新方法在这家公司实验，结果大大节省了原材料，并且生产的产品更加耐用，经济价值有所提高，利润也有所增加。该公司因此买断了这项专利技术，想要建设新的生产车间。但该建设项目并没有经过有关部门的验收。如果没有验收直接投入生产，该公司会不会因此受到处罚呢？什么项目在使用前应该先进行安全设施验收呢？

学法有疑

将未验收的项目投入生产要承担怎样的后果？什么项目在使用前要先验收安全设施？

法律讲堂

根据《安全生产法》第34条第2款的规定，矿山、金属冶炼建设项目和用于生产、储存、装卸危险物品的建设项目竣工投入生产或者使用前，应当由建设单位负责组织对安全设施进行验收；验收合格后，方可投入生产和使用。负有安全生产监督管理职责的部门应当加强对建设单位验收活动和验收结果的监督核查。

本案中，某耐磨合金有限公司想要将新的生产技术投入建设项目并生产，应当首先进行报批审核，经过有关部门检查检验，验收合格后方能投入使用。如果不经过报批审查验收的程序就直接投入生产，企业会受到处罚：轻者责令停产停业、罚款；重者构成犯罪的，还要依照刑法有关规定追究刑事责任。

法律条文

《中华人民共和国安全生产法》

第三十四条 矿山、金属冶炼建设项目和用于生产、储存、装卸危险物品的建设项目的施工单位必须按照批准的安全设施设计施工，并对安全设施的工程质量负责。

矿山、金属冶炼建设项目和用于生产、储存、装卸危险物品的建设项目竣工投入生产或者使用前，应当由建设单位负责组织对安全设施进行验收；验收合格后，方可投入生产和使用。负有安全生产监督管理职责的部门应当加强对建设单位验收活动和验收结果的监督核查。

第九十八条 生产经营单位有下列行为之一的，责令停止建设或者停产停业整顿，限期改正，并处十万元以上五十万元以下的罚款，对其直接负责的主管人员和其他直接责任人员处二万元以上五万元以下的罚款；逾期未改正的，处五十万元以上一百万元以下的罚款，对其直接负责的主管人员和其他直接责任人员处五万元以上十万元以下的罚款；构成犯罪的，依照刑法有关规定追究刑事责任：

……

（四）矿山、金属冶炼建设项目或者用于生产、储存、装卸危险物品的建设项目竣工投入生产或者使用前，安全设施未经验收合格的。

一句话说法

矿山、金属冶炼建设项目或者用于生产、储存、装卸危险物品的建设项目都属于危险项目，因此在竣工投入生产或者使用前，必须经安全设施验收合格，否则企业将受到责令停产停业整顿、罚款等处罚。如果构成犯罪的话，还会被追究刑事责任。

15. 生产企业必须对在校实习生进行安全生产培训吗?

案例背景

张某是在校大学生,他所在的学校为了促进就业,为各专业毕业班学生安排了实习。张某所在的学校以机械专业为强势专业,每年给机械专业学生安排的实习单位都是非常知名的企业,学生实习后被留下的概率也非常大,所以张某和班里一半的同学都接受了学校的安排,到某重型机械有限公司开始实习。公司在接收几十名学生以后，决定由负责生产的沈某对他们进行岗前培训及安全生产教育。张某只知道毕业后上岗前需要进行培训，但不知道大学生在实习期间是否需要接受培训呢？

学法有疑

在校大学生参加实习需要接受安全生产培训吗？

法律讲堂

根据《安全生产法》第 28 条第 3 款的规定，生产经营单位接收中等职业学校、高等学校学生实习的，应当对实习学生进行相应的安全生产教育和培训，提供必要的劳动防护用品。学校应当协助生产经营单位对实习学生进行安全生产教育和培训。所以，生产经营企业负有对在校实习学生进行安全生产教育和培训的义务。如果生产单位未按照规定对实习学生进行安全生产教育和培训，依据《安全生产法》第 97 条的规定要受到相应的处罚，包括责令限期改正、责令停产停业整顿、罚款等。

本案中，某重型机械有限公司接收学校的实习生后，积极组织岗前培训及安全生产教育的做法是正确的。法律不仅规定了从业人员在上岗前需要接受安全生产教育和培训，也规定了实习生在上岗前需要接受安全生产教育和培训。

法律条文

《中华人民共和国安全生产法》

第二十八条第三款 生产经营单位接收中等职业学校、高等学校学生实习的，应当对实习学生进行相应的安全生产教育和培训，提供必要的劳动防护用品。学校应当协助生产经营单位对实习学生进行安全生产教育和培训。

第九十七条 生产经营单位有下列行为之一的，责令限期改正，处十万元以下的罚款；逾期未改正的，责令停产停业整顿，并处十万元以上二十万元以下的罚款，对其直接负责的主管人员和其他直接责任人员处二万元以上五万元以下的罚款：

……

（三）未按照规定对从业人员、被派遣劳动者、实习学生进行安全生产教育和培训，或者未按照规定如实告知有关的安全生产事项的；

……

一句话说法

实习学生普遍缺乏相应的安全生产知识和技能，出于安全生产的需要，在实习学生上岗前对其进行安全生产知识的培训和指导是必要的。生产企业负有对实习学生进行安全生产教育和培训的法定义务，应当将实习学生纳入本单位企业人员进行统一管理。

16. 生产企业应该在哪些地方设置安全警示标志?

案例背景

某化工企业新购进了一批生产设备，其中包括一台搅拌机。不过这台搅拌机和以前公司用的那些搅拌机不同，它是自动化的，只要填充好原料，按下开始键，机器就开始工作了。在工作的过程中，员工需要和搅拌机保持一定距离，否则搅拌的物品很可能由于离心力太大而飞出来砸伤人。该公司由于疏忽并没有在相应的安全位置设置安全警示标志，致使一名工人被砸伤住院。

学法有疑

企业应当在哪些位置设置安全警示标志?

法律讲堂

根据《安全生产法》第35条的规定，生产经营单位应当在有较大危险因素的生产经营场所和有关设施、设备上，设置明显的安全警示标志。在有较大危险因素的生产经营场所及有关设施、设备上，设置明显的安全警示标志，是生产经营单位的一项法定义务。如果生产经营单位违规未设置相应的标志，则有关机关有权依据该法第99条的规定对该生产经营单位予以处罚，包括责令限期改正、责令停产停业整顿、罚款；构成犯罪的，还要依照刑法的有关规定追究刑事责任。

本案中，某化工企业在购进新的设备后，并没有告知工人机器含有危险性，也没有设置安全警示标志，结果导致工人受伤。因此，该企业应当承担事故的赔偿责任，还要接受相关部门的行政处罚。

法律条文

《中华人民共和国安全生产法》

第三十五条 生产经营单位应当在有较大危险因素的生产经营场所和有关设施、设备上，设置明显的安全警示标志。

第九十九条 生产经营单位有下列行为之一的，责令限期改正，处五万元以下的罚款；逾期未改正的，处五万元以上二十万元以下的罚款，对其直接负责的主管人员和其他直接责任人员处一万元以上二万元以下的罚款；情节严重的，责令停产停业整顿；构成犯罪的，依照刑法有关规定追究刑事责任：

（一）未在有较大危险因素的生产经营场所和有关设施、设备上设置明显的安全警示标志的；

……

一句话说法

安全警示标志的设置是生产经营单位安全生产管理工作的重要内容。生产经营单位应该在有危险因素的生产设备或场所等地方设置明显的安全警示标志，提示工人绕行，尽量避免事故的发生。

17. 生产企业需要定期对安全设备进行维修和养护吗?

案例背景

某食品厂长期加工调味品，日常加工中使用到大型蒸汽锅炉。因忙于生产订单，食品厂经常忘记对安全设备进行检查、维修和养护。某一天，蒸汽锅炉出现了故障，锅炉发生蒸汽泄漏并伤及车间中的多名员工。事后进行检查，发现是锅炉的安全阀出现了故障导致的。受伤的员工找到食品厂负责人，认为是工厂疏于定期安全检查而导致了本次事故。食品厂负责人认为安全设备有自身质保期，厂里没有经常养护的义务。那么，该厂有义务定期对安全设备进行检查和养护吗?

学法有疑

生产企业需要定期对安全设备进行养护、维修吗?

法律讲堂

根据《安全生产法》第36条第1款和第2款的规定，安全设备的设计、制造、安装、使用、检测、维修、改造和报废，应当符合国家标准或者行业标准。生产经营单位必须对安全设备进行经常性维护、保养，并定期检测，保证正常运转。维护、保养、检测应当作好记录，并由有关人员签字。如果生产经营单位没有对安全设备进行经常性的维护、保养，并定期检测，有关单位有权依据该法第99条的规定对生产经营单位进行处罚，包括责令限期改正、责令停产停业整顿、罚款；构成犯罪的，还要依照刑法的有关规定追究刑事责任。

本案中，某食品厂没有定期对安全设备进行养护及检查，导致蒸汽锅炉在使用过程中发生蒸汽泄漏，致使工人受伤。按照规定，该食品厂应当受到有关部门的处罚，同时也要及时修理安全设备，以便正常工作。

法律条文

《中华人民共和国安全生产法》

第三十六条 安全设备的设计、制造、安装、使用、检测、维修、改造和报废，应当符合国家标准或者行业标准。

生产经营单位必须对安全设备进行经常性维护、保养，并定期检测，保证正常运转。维护、保养、检测应当作好记录，并由有关人员签字。

生产经营单位不得关闭、破坏直接关系生产安全的监控、报警、防护、救生设备、设施，或者篡改、隐瞒、销毁其相关数据、信息。

餐饮等行业的生产经营单位使用燃气的，应当安装可燃气体报警装置，并保障其正常使用。

第九十九条 生产经营单位有下列行为之一的，责令限期改正，处五万元以下的罚款；逾期未改正的，处五万元以上二十万元以下的罚款，对其直接负责的主管人员和其他直接责任人员处一万元以上二万元以下的罚款；情节严重的，责令停产停业整顿；构成犯罪的，依照刑法有关规定追究刑事责任：

……

（三）未对安全设备进行经常性维护、保养和定期检测的；

……

一句话说法

由于安全设备关系着生产经营单位能否安全生产，因此生产经营单位有必要经常性地对安全设备相关情况进行全方位、全过程的管理，使其符合国家标准和行业标准，这是生产经营单位的法定义务。

18. 生产企业使用特种设备需要接受有关部门的检测检验吗?

案例背景

某矿厂在2021年年初招聘了大批工人，随即决定将新购进的开矿设备投入使用。矿厂负责人韩某的朋友告诉韩某，由于开矿用的是特殊的生产设备，有很大的危险性，所以法律规定要先对生产设备进行检测检验，合格后方能使用。韩某不明白为什么周边的其他企业的设备都没有进行检测检验就开始生产了，而煤矿企业的生产设备就要由有关部门先进行检测检验呢？工厂已经招聘了一大批工人，都等着上岗工作。如果一旦进行检测检验，工人们势必要停工等待，这意味着矿厂还没开业就要承担损失。

学法有疑

生产企业使用特种设备前需要由有关部门对设备进行检测检验吗?

法律讲堂

根据《安全生产法》第37条的规定，生产经营单位使用的涉及人身安全、危险性较大的特种设备以及危险物品的容器、运输工具，必须按照国家有关规定，由专业生产单位生产，并经取得专业资质的检测、检验机构检测、检验合格。否则，有关单位有权依据《安全生产法》第99条的规定对生产经营单位进行包括责令限期改正、责令停产停业整顿、罚款在内的处罚；构成犯罪的，还要依照刑法有关规定追究刑事责任。

本案中，韩某朋友的告诫是有法律依据的。矿厂的生产活动具有一定的危险性，其生产过程中使用的特种设备需要先经过有资质的部门检测、检验，合格后才能投入使用。这样既能保证工人的生命安全，也能为企业提高经济效益。经有关部门检测、检验合格后，企业会取得安全使用证或者安全标志，此后相关设备即可投入使用。

法律条文

《中华人民共和国安全生产法》

第三十七条 生产经营单位使用的危险物品的容器、运输工具，以及涉及人身安全、危险性较大的海洋石油开采特种设备和矿山井下特种设备，必须按照国家有关规定，由专业生产单位生产，并经具有专业资质的检测、检验机构检测、检验合格，取得安全使用证或者安全标志，方可投入使用。检测、检验机构对检测、检验结果负责。

第九十九条 生产经营单位有下列行为之一的，责令限期改正，处五万元以下的罚款；逾期未改正的，处五万元以上二十万元以下的罚款，对其直接负责的主管人员和其他直接责任人员处一万元以上二万元以下的罚款；情节严重的，责令停产停业整顿；构成犯罪的，依照刑法有关规定追究刑事责任：

……

（六）危险物品的容器、运输工具，以及涉及人身安全、危险性较大的海洋石油开采特种设备和矿山井下特种设备未经具有专业资质的机构检测、检验合格，取得安全使用证或者安全标志，投入使用的；

……

一句话说法

生产经营单位要保证生产设备和容器的安全、可靠，从源头上抓好安全生产工作，保障生产经营单位安全生产。当然，企业使用的涉及生命安全、危险性较大的特种设备以及危险物品的容器、运输工具本身就应该是安全产品，需要经过具有专业资质的机构检测、检验合格。

19. 生产企业继续使用应当淘汰的设备会受到什么处罚？

案例背景

某建材有限公司成立于2008年，厂里的设备都是建厂之初买的，该公司定期对设备进行维护，但是没有更换过。2021年年初，公司安全生产管理人称，企业的设备绝大部分都已经老化了，虽说平时也进行了定期维护，但还是需要更换，否则将危及生产安全。负责人称因为受资金的限制，所以只能对厂里的部分设备进行更换，剩余的本该淘汰的先将就着用一年，明年再购入新的设备替换。

学法有疑

企业继续使用应该淘汰的设备的后果是什么？

法律讲堂

《安全生产法》第 38 条第 3 款明确规定："生产经营单位不得使用应当淘汰的危及生产安全的工艺、设备。"否则，有关部门应当依照《安全生产法》第 99 条的规定，对使用应当淘汰的危及生产安全的工艺、设备的生产经营单位进行相应的处罚：轻者责令限期改正或者停产停业整顿，罚款；重者构成犯罪的，要依法追究其刑事责任。

本案中，某建材有限公司由于资金短缺而只对原本应该淘汰的设备进行部分更换，这样虽然暂时节省了开支，但在无形之中埋下了安全隐患，一旦发生生产安全事故，企业将得不偿失。有关部门针对本案中企业的做法有权进行处罚，企业应当根据有关部门的要求作出整改，以保证生产经营安全。

法律条文

《中华人民共和国安全生产法》

第三十八条 国家对严重危及生产安全的工艺、设备实行淘汰制度，具体目录由国务院应急管理部门会同国务院有关部门制定并公布。法律、行政法规对目录的制定另有规定的，适用其规定。

省、自治区、直辖市人民政府可以根据本地区实际情况制定并公布具体目录，对前款规定以外的危及生产安全的工艺、设备予以淘汰。

生产经营单位不得使用应当淘汰的危及生产安全的工艺、设备。

第九十九条 生产经营单位有下列行为之一的，责令限期改正，处五万元以下的罚款；逾期未改正的，处五万元以上二十万元以下的罚款，对其直接负责的主管人员和其他直接责任人员处一万元以上二万元以下的罚款；情节严重的，责令停产停业整顿；构成犯罪的，依照刑法有关规定追究刑事责任：

……

（七）使用应当淘汰的危及生产安全的工艺、设备的；

……

工艺、设备与安全生产息息相关，不符合生产安全要求的工艺、设备，极有可能导致生产安全事故的发生，致使人民群众的生命和财产遭受重大损失。因此，企业不得使用应当淘汰的危及生产安全的工艺、设备。

20. 生产企业需要对生产安全事故隐患进行排查吗？

案例背景

某硫酸厂为了工人生活方便，在车间附近为大家建了几间房屋，以供工人中午和加班时休息。一天，因工人操作不当，硫酸反应炉爆炸，喷溅的硫酸烧毁了附近供工人临时休息的房屋，几名工人也因此受伤。履行安全生产监督管理职责的部门接到通知后立即成立事故小组对此次事故进行了调查。厂里负责人觉得既然有急救人员和消防人员进行抢救，并且有事故调查小组展开调查，企业就不需要对事故隐患进行排查了。结果，硫酸厂被相关部门责令限期改正，并被处以五万元罚款的处罚。

学法有疑

企业需要自行对事故隐患进行排查吗？案例中相关部门的处罚合法吗？

法律讲堂

《安全生产法》明确了安全检查的流程及相应责任的承担，规定了生产经营单位应当建立健全生产安全事故隐患排查治理的专门制度，赋予了其对生产安全事故隐患进行排查的义务。《安全生产法》第41条明确规定："生产经营单位应当建立安全风险分级管控制度，按照安全风险分级采取相应的管控措施。生产经营单位应当建立健全并落实生产安全事故隐患排查治理制度，采取技术、管理措施，及时发现并消除事故隐患。事故隐患排查治理情况应当如实记录，并通过职工大会或者职工代表大会、信息公示栏等方式向从业人员通报。其中，重大事故隐患排查治理情况应当及时向负有安全生产监督管理职责的部门和职工大会或者职工代表大会报告。县级以上地方各级人民政府负有安全生产监督管理职责的部门应当将重大事故隐患纳入相关信息系统，建立健全重大事故隐患治理督办制度，督促生产经营单位消除重大事故隐患。”同时，《安全生产法》第97条、第101条规定了对于未将事故隐患排查治理情况如实记录或者未向从业人员通报、未建立事故隐患排查治理制度的生产经营单位应当给予的处罚措施。

本案中，某硫酸厂对本企业的安全隐患有排查的法定义务，但其未对安全生产隐患事故进行排查，导致发生硫酸反应炉爆炸、附近员工休息的房屋毁灭、员工受伤的生产安全事故，相关部门的处罚合理合法。

法律条文

《中华人民共和国安全生产法》

第四十一条 生产经营单位应当建立安全风险分级管控制度，按照安全风险分级采取相应的管控措施。

生产经营单位应当建立健全并落实生产安全事故隐患排查治理制度，采取技术、管理措施，及时发现并消除事故隐患。事故隐患排查治理情况应当如实记录，并通过职工大会或者职工代表大会、信息公示栏等方式向从业人员通报。其中，重大事故隐患排查治理情况应当及时向负有安全生产监督管理职责的部门和职工大会或者职工代表大会报告。

县级以上地方各级人民政府负有安全生产监督管理职责的部门应当将重大事故隐患纳入相关信息系统，建立健全重大事故隐患治理督办制度，督促生产经营单位消除重大事故隐患。

第九十七条 生产经营单位有下列行为之一的，责令限期改正，处十万元以下的罚款；逾期未改正的，责令停产停业整顿，并处十万元以上二十万元以下的罚款，对其直接负责的主管人员和其他直接责任人员处二万元以上五万元以下的罚款：

……

（五）未将事故隐患排查治理情况如实记录或者未向从业人员通报的；

……

第一百零一条 生产经营单位有下列行为之一的，责令限期改正，处十万元以下的罚款；逾期未改正的，责令停产停业整顿，并处十万元以上二十万元以下的罚款，对其直接负责的主管人员和其他直接责任人员处二万元以上五万元以下的罚款；构成犯罪的，依照刑法有关规定追究刑事责任：

……

（五）未建立事故隐患排查治理制度，或者重大事故隐患排查治理情况未按照规定报告的。

一句话说法

灾害事故的发生大多是因为安全生产隐患未被及时发现，致使生产带故障运行造成恶劣后果。要确保企业的安全运行，企业应当建立安全风险分级管控制度，建立健全生产安全事故隐患排查治理制度，并予以落实。因此，企业在生产经营中，必须及时排查安全事故隐患，对发现的问题及时进行整改。此外，对事故隐患排查治理情况企业还应当如实记录，并通过职工大会、职工代表大会或者信息公示栏等方式向从业人员通报。而对于重大事故隐患排查治理情况，还要及时向负有安全生产监督管理职责的部门和职工大会或者职工代表大会报告。

21. 使用燃气的餐馆，未安装可燃气体报警装置的，可能面临怎样的处罚？

案例背景

潘先生原来在某大学城商业街摆摊，后因为生意红火，一个人忙不过来，便在附近盘了一家店面，开了个小餐馆，让妻子来店里帮忙。燃气公司的工作人员在给店里的厨房安装燃气装置时，建议同时安装可燃气体报警装置，但潘先生一听说安装该装置要另外收钱，为了省钱，就没有安装。后来，店里发生了燃气泄漏，由于没有报警装置，没能及时发现，导致餐馆发生了燃气爆炸事故。潘先生及其妻子、客人共6人受伤，所幸消防人员及时赶到，才将他们解救出来。餐馆门口停放的多辆汽车车窗玻璃也被震碎。那么，请问潘先生的餐馆使用燃气，却没有安装可燃气体报警装置，并且发生了事故，潘先生可能面临怎样的处罚？

法律讲堂

根据《安全生产法》第36条第4款的规定，餐饮等行业的生产经营单位使用燃气的，应当安装可燃气体报警装置，并保障其正常使用。同时根据本法第99条的规定，餐饮等行业的生产经营单位使用燃气未安装可燃气体报警装置的，首先应当责令限期改正，并处5万元以下的罚款；逾期未改正的，处5万元以上20万元以下的罚款，对其直接负责的主管人员和其他直接责任人员处1万元以上2万元以下的罚款；情节严重的，责令停产停业整顿；构成犯罪的，依照刑法有关规定追究刑事责任。

在上面的案例中，潘先生的餐馆使用燃气却未安装可燃气体报警装置，并且因此发生了爆炸事故，属于情节严重的情形，应当责令其停产停业整顿。而且，对于爆炸事故给客人和其他人员造成的损失，潘先生也应当根据相关法律规定予以赔偿。

法律条文

《中华人民共和国安全生产法》

第三十六条第四款 餐饮等行业的生产经营单位使用燃气的，应当安装可燃气体报警装置，并保障其正常使用。

第九十九条 生产经营单位有下列行为之一的，责令限期改正，处五万元以下的罚款；逾期未改正的，处五万元以上二十万元以下的罚款，对其直接负责的主管人员和其他直接责任人员处一万元以上二万元以下的罚款；情节严重的，责令停产停业整顿；构成犯罪的，依照刑法有关规定追究刑事责任：

……

（八）餐饮等行业的生产经营单位使用燃气未安装可燃气体报警装置的。

餐饮等行业的生产经营单位使用燃气的，一定要安装可燃气体报警装置，并保障其正常使用，这是法律明确要求的，如果违反规定不安装或者不能保障其正常使用，不仅存在安全隐患，还可能受到相应的处罚。

22. 生产单位随意处置危险物品会受到怎样的处罚？

案例背景

位于郊区的某化工厂每天都会产生大量的垃圾，虽然化工厂也会定期找专门负责的人员过来清理，但清理并不及时，有时候工人就将生产垃圾直接排放在化工厂外。郊区的居民对此很不满意，他们认为既然化工厂每天都会产生大量的生产垃圾，就应该找一个专门负责清理垃圾的公司每天过来清理。工厂经常把垃圾随意排放在化工厂外面，而这些垃圾又都是危险物品，给居民的生活带来了很大的威胁。于是，郊区居民联名要求化工厂停止将垃圾随意排放在化工厂外。

学法有疑

郊区居民的做法合法吗？化工厂随意处置垃圾的行为会受到怎样的处罚呢？

法律讲堂

《安全生产法》第 39 条第 2 款明确规定："生产经营单位生产、经营、运输、储存、使用危险物品或者处置废弃危险物品，必须执行有关法律、法规和国家标准或者行业标准，建立专门的安全管理制度，采取可靠的安全措施，接受有关主管部门依法实施的监督管理。"

本案中，某化工厂产生的生产垃圾为废弃危险物品，不能随意处理，该化工厂应该依法建立专门的安全管理制度，采取可靠的安全措施，否则依据《安全生产法》第 100 条和第 101 条的规定要受到相应的处罚，轻者责令限期改正、停产停业整顿、罚款，构成犯罪的，要依法追究其刑事责任。所以，郊区居民的做法有理有据，依法会受到法律的保护。

法律条文

《中华人民共和国安全生产法》

第三十九条 生产、经营、运输、储存、使用危险物品或者处置废弃危险物品的，由有关主管部门依照有关法律、法规的规定和国家标准或者行业标准审批并实施监督管理。

生产经营单位生产、经营、运输、储存、使用危险物品或者处置废弃危险物品，必须执行有关法律、法规和国家标准或者行业标准，建立专门的安全管理制度，采取可靠的安全措施，接受有关主管部门依法实施的监督管理。

第一百条 未经依法批准，擅自生产、经营、运输、储存、使用危险物品或者处置废弃危险物品的，依照有关危险物品安全管理的法律、行政法规的规定予以处罚；构成犯罪的，依照刑法有关规定追究刑事责任。

第一百零一条 生产经营单位有下列行为之一的，责令限期改正，处十万元以下的罚款；逾期未改正的，责令停产停业整顿，并处十万元以上二十万元以下的罚款，对其直接负责的主管人员和其他直接责任人员处二万元以上五万元以下的罚款；构成犯罪的，依照刑法有关规定追究刑事责任：

（一）生产、经营、运输、储存、使用危险物品或者处置废弃危险物品，未建立专门安全管理制度、未采取可靠的安全措施的；

……

一句话说法

为防止废弃危险物品对环境和人类造成不利影响，生产经营单位产生的废弃危险物品必须严格依照有关法律、法规和国家标准或者行业标准的规定进行处理，我国已经制定了相关的法律对此进行规范，各企业都应当按照法律的规定处理生产垃圾。

23. 生产企业进行吊装工作时，必须安排专业人员进行现场管理吗?

案例背景

某楼板厂经常会用到起重机吊装楼板，吊装完毕再送货。该楼板厂是2021年年初刚刚成立的，厂长以前没有接触过此类工作，只是因为有朋友介绍，并且能搭把手，所以才干的。在一次送货时，起重机的操作人员称，需要安排一个专业人员进行现场管理，同时将要求告知了厂长。不过，厂长对此并不是很了解，不确定是否一定要安排专业人员进行现场管理。那么，生产企业进行吊装工作时，必须安排专业人员进行现场管理吗?

学法有疑

生产企业进行吊装工作时，必须要安排专业人员进行现场管理吗?

法律讲堂

吊装是吊车或者起升机构对设备的安装、就位的统称。《安全生产法》第43条规定:“生产经营单位进行爆破、吊装、动火、临时用电以及国务院应急管理部门会同国务院有关部门规定的其他危险作业，应当安排专门人员进行现场安全管理，确保操作规程的遵守和安全措施的落实。”

本案中，楼板厂在使用起重机装卸楼板时，起重机的操作人员指出现场需要有专业的人员来指挥，这样既能够确保作业的安全，也能够保证作业人员的安全。所以，起重机操作人员的要求是合理的，也是法律强制要求的。楼板厂厂长应该安排专业人员来到现场指挥。

法律条文

《中华人民共和国安全生产法》

第四十三条 生产经营单位进行爆破、吊装、动火、临时用电以及国务院应急管理部门会同国务院有关部门规定的其他危险作业，应当安排专门人员进行现场安全管理，确保操作规程的遵守和安全措施的落实。

第一百零一条 生产经营单位有下列行为之一的，责令限期改正，处十万元以下的罚款；逾期未改正的，责令停产停业整顿，并处十万元以上二十万元以下的罚款，对其直接负责的主管人员和其他直接责任人员处二万元以上五万元以下的罚款；构成犯罪的，依照刑法有关规定追究刑事责任：

……

（三）进行爆破、吊装、动火、临时用电以及国务院应急管理部门会同国务院有关部门规定的其他危险作业，未安排专门人员进行现场安全管理的；

……

生产经营单位在进行爆破、吊装、动火、临时用电以及国务院应急管理部门会同国务院有关部门规定的其他危险作业时，按法律规定，应安排专门人员进行现场安全管理，确保操作规程的遵守和安全措施的落实，否则会受到相应处罚。这也是树立安全意识，对他人生命负责和尊重的表现。

24. 员工有权要求企业提供劳动需要的防护用品吗？

案例背景

某电焊厂在招聘新员工时发给每个工人一个防护眼镜和一个口罩。魏某也是新员工，刚刚到电焊厂工作。魏某觉得之前自己在别的电焊厂工作的时候厂里发的都是特制的防护眼镜，否则电焊作业时很可能会伤到眼睛，而这个电焊厂为员工发放的是很普通的眼镜，根本起不到防护效果，电焊作业时员工还必须躲闪。魏某向电焊厂提出购买一批特制的防护眼镜的要求，电焊厂却称厂里就发这一个，谁有需要谁就自己去买。那么劳动防护用品需要员工自己买吗？

学法有疑

劳动防护用品需要员工自己买吗？

法律讲堂

为劳动者提供合格的劳动防护用品，是每个企业义不容辞的责任。《安全生产法》第45条明确规定："生产经营单位必须为从业人员提供符合国家标准或者行业标准的劳动防护用品，并监督、教育从业人员按照使用规则佩戴、使用。"第99条规定，未为从业人员提供符合国家标准或者行业标准的劳动防护用品的，应当受到责令限期改正、罚款等处罚；情节严重的，责令停产停业整顿；构成犯罪的，还应当被追究刑事责任。

本案中，某电焊厂的危险来源主要就是员工的焊接作业。焊接作业时工人如果不进行防护，会对眼睛造成一定的伤害。所以某电焊厂应该根据工作的特殊性购买特制眼镜，为员工提供合格的防护用品，而不是让员工自己去购买。

法律条文

《中华人民共和国安全生产法》

第四十五条 生产经营单位必须为从业人员提供符合国家标准或者行业标准的劳动防护用品，并监督、教育从业人员按照使用规则佩戴、使用。

第四十七条 生产经营单位应当安排用于配备劳动防护用品、进行安全生产培训的经费。

第九十九条 生产经营单位有下列行为之一的，责令限期改正，处五万元以下的罚款；逾期未改正的，处五万元以上二十万元以下的罚款，对其直接负责的主管人员和其他直接责任人员处一万元以上二万元以下的罚款；情节严重的，责令停产停业整顿；构成犯罪的，依照刑法有关规定追究刑事责任：

……

（五）未为从业人员提供符合国家标准或者行业标准的劳动防护用品的；

……

一句话说法

劳动防护用品不需要员工自己买，生产经营单位应当依照法律的规定和自身的性质，为员工提供合格的劳动防护用品，重视员工的身体健康，并且监督、教育员工按照规定佩戴和使用。

25. 生产企业将项目承包给他人需要注意什么？

案例背景

某通风设备有限公司接到一个大的订单，要求在10月中旬供货。公司觉得到10月中旬这批货赶制不出来，于是想委托给另外一家通风设备加工制造公司一部分订单，这样自己公司的生产压力相对较小，还能保证准时交货。为了明确双方的权利和义务，两家企业决定依法办事。那么，生产企业将项目承包给他人的，应该履行怎样的手续和义务？

学法有疑

生产企业将项目承包给他人的，应该履行怎样的手续和义务？

法律讲堂

承包项目会关系到两个企业的利益，法律对此规定了严格的程序，企业发包、承包项目时应当履行相关的手续和义务。《安全生产法》第49条第2款明确规定："生产经营项目、场所发包或者出租给其他单位的，生产经营单位应当与承包单位、承租单位签订专门的安全生产管理协议，或者在承包合同、租赁合同中约定各自的安全生产管理职责；生产经营单位对承包单位、承租单位的安全生产工作统一协调、管理，定期进行安全检查，发现安全问题的，应当及时督促整改。"第3款规定："矿山、金属冶炼建设项目和用于生产、储存、装卸危险物品的建设项目的施工单位应当加强对施工项目的安全管理，不得倒卖、出租、出借、挂靠或者以其他形式非法转让施工资质，不得将其承包的全部建设工程转包给第三人或者将其承包的全部建设工程支解以后以分包的名义分别转包给第三人，不得将工程分包给不具备相应资质条件的单位。"

本案中，某通风设备有限公司如果将部分订单承包给另外一家企业，需要依法签订专门的安全生产管理协议或在承包合同中约定各自的安全生产管理职责等。某通风设备有限公司作为生产经营单位还应对承包单位的安全生产工作统一协调、管理，定期进行安全检查，对安全问题进行督促整改。

法律条文

《中华人民共和国安全生产法》

第四十九条第二款 生产经营项目、场所发包或者出租给其他单位的，生产经营单位应当与承包单位、承租单位签订专门的安全生产管理协议，或者在承包合同、租赁合同中约定各自的安全生产管理职责；生产经营单位对承包单位、承租单位的安全生产工作统一协调、管理，定期进行安全检查，发现安全问题的，应当及时督促整改。

第三款 矿山、金属冶炼建设项目和用于生产、储存、装卸危险物品的建设项目的施工单位应当加强对施工项目的安全管理，不得倒卖、出租、出借、挂靠或者以其他形式非法转让施工资质，不得将其承包的全部建设工程转包给第三人或者将其承包的全部建设工程支解以后以分包的名义分别转包给第三人，不得将工程分包给不具备相应资质条件的单位。

一句话说法

依法承包，才会避免责任不清等情况的发生。承包方和发包方应当签订承包合同或者协议，明确约定双方的权利、义务和责任，发包方还应该尽到定期检查督促承包方工作的责任，保证承包方工作的安全进行。需要注意的是，矿山、金属冶炼建设项目和用于生产、储存、装卸危险物品的建设项目的施工单位不得倒卖、出租、出借、挂靠或者以其他形式非法转让施工资质，不得将其承包的全部建设工程转包给第三人或者将其承包的全部建设工程支解以后以分包的名义分别转包给第三人，不得将工程分包给不具备相应资质条件的单位。

26. 生产企业负责人在发生生产安全事故后负有怎样的责任?

案例背景

某建筑装饰设计有限公司从事室内外工程装饰设计、施工及安装业务。2020 年年底，公司接到当地一家购物广场的委托，要求对购物广场的外层进行装饰。购物广场一共 7 层，这就要求建筑装饰设计有限公司委派公司有特种作业操作证的员工负责此项工作。刘某在公司的要求下接下了 2020 年年底的最后一项工作。谁知，在进行装饰的过程中，由于高架作业的支架出了问题，刘某和两名工人从高处坠落。公司在场同事立即拨打了 120 对三人进行抢救。那么，公司的主要负责人在此次事故中应当承担怎样的责任呢?

学法有疑

公司的主要负责人在发生生产安全事故后须承担哪些职责与责任?

法律讲堂

生产企业负责人应对员工生命安全负责，对企业的财产安全负责。《安全生产法》第 50 条明确规定:“生产经营单位发生生产安全事故时，单位的主要负责人应当立即组织抢救，并不得在事故调查处理期间擅离职守。”第 110 条规定:“生产经营单位的主要负责人在本单位发生生产安全事故时，不立即组织抢救或者在事故调查处理期间擅离职守或者逃匿的，给予降级、撤职的处分，并由应急管理部门处上一年年收入百分之六十至百分之一百的罚款;对逃匿的处十五日以下拘留;构成犯罪的，依照刑法有关规定追究刑事责任。生产经营单位的主要负责人对生产安全事故隐瞒不报、谎报或者迟报的，依照前款规定处罚。”

本案中，刘某和两名工人在作业时从高架上摔落受伤，公司同事在第一时间拨打120对三人进行了抢救，这种做法是正确的。同时企业负责人应当在事故调查期间积极配合，不能擅离职守，也不得对生产安全事故瞒报、谎报或者迟报。

法律条文

《中华人民共和国安全生产法》

第五十条 生产经营单位发生生产安全事故时，单位的主要负责人应当立即组织抢救，并不得在事故调查处理期间擅离职守。

第一百一十条 生产经营单位的主要负责人在本单位发生生产安全事故时，不立即组织抢救或者在事故调查处理期间擅离职守或者逃匿的，给予降级、撤职的处分，并由应急管理部门处上一年年收入百分之六十至百分之一百的罚款；对逃匿的处十五日以下拘留；构成犯罪的，依照刑法有关规定追究刑事责任。

生产经营单位的主要负责人对生产安全事故隐瞒不报、谎报或者迟报的，依照前款规定处罚。

一句话说法

作为企业的负责人，在事故发生后，应立即组织抢救并且在调查期间配合事故调查小组对事故进行调查。如果负责人在此期间擅离职守或者对事故瞒报、谎报或者迟报，将会受到降级、撤职、罚款、拘留或被追究刑事责任等不同程度的处罚。

27. 生产企业为员工缴纳工伤保险费是法定义务吗?

案例背景

某自动化工程有限公司的员工王某在生产加工机器的过程中，胳膊不慎被机器碾压，公司立即拨打120对王某实施了抢救，并且将事故情况报告给了安全生产管理部门。在王某住院期间，公司派人看望过王某，为王某拿过去5000元。王某家属在王某出院后向公司主张王某住院期间的医药费等工伤保险待遇。公司称，王某在公司上班期间并没有缴纳工伤保险费，所以公司不能对王某进行赔偿，王某不能享受工伤保险待遇。

学法有疑

公司应当为员工缴纳工伤保险费吗?

法律讲堂

如果劳动者缴纳了工伤保险费，那么在工作中或在工作的特殊情况下遭受意外伤害或患职业病导致暂时或永久丧失劳动能力以及死亡时，劳动者或其遗属就可以从国家和社会层面获得物质帮助，依法享受工伤保险待遇。《安全生产法》第51条第1款中明确规定："生产经营单位必须依法参加工伤保险，为从业人员缴纳保险费。"由此可知，公司必须为员工缴纳工伤保险费用，而职工个人不用缴纳工伤保险费用。同时，《工伤保险条例》第62条规定，依法应当参加工伤保险而未参加的用人单位的职工发生工伤的，由该用人单位按照本条例规定的工伤保险待遇项目和标准支付费用。

本案中，某自动化工程有限公司没有为王某缴纳工伤保险，以至于王某在出现工伤后不能及时享受工伤保险待遇。但公司却将没有缴纳工伤保险的原因赖到王某个人头上，这样的做法是错误的，王某住院期间的损失应当由公司尽数承担，公司必须按照《工伤保险条例》规定的工伤保险待遇和标准支付费用。

法律条文

《中华人民共和国安全生产法》

第五十一条 生产经营单位必须依法参加工伤保险，为从业人员缴纳保险费。

国家鼓励生产经营单位投保安全生产责任保险；属于国家规定的高危行业、领域的生产经营单位，应当投保安全生产责任保险。具体范围和实施办法由国务院应急管理部门会同国务院财政部门、国务院保险监督管理机构和相关行业主管部门制定。

《工伤保险条例》

第六十二条 用人单位依照本条例规定应当参加工伤保险而未

参加的，由社会保险行政部门责令限期参加，补缴应当缴纳的工伤保险费，并自欠缴之日起，按日加收万分之五的滞纳金；逾期仍不缴纳的，处欠缴数额1倍以上3倍以下的罚款。

依照本条例规定应当参加工伤保险而未参加工伤保险的用人单位职工发生工伤的，由该用人单位按照本条例规定的工伤保险待遇项目和标准支付费用。

用人单位参加工伤保险并补缴应当缴纳的工伤保险费、滞纳金后，由工伤保险基金和用人单位依照本条例的规定支付新发生的费用。

一句话说法

企业应当为劳动者缴纳工伤保险费，这是企业的法定义务。企业未依法给职工缴纳工伤保险的，职工因工受伤后所应当享受的工伤保险待遇，由企业按照《工伤保险条例》规定的待遇项目和标准支付费用。此外，属于国家规定的高危行业、领域的生产经营企业，法律规定还应当投保安全生产责任保险。

28. 企业必须投保安全生产责任保险吗?

案例背景

苏州某金属制品有限公司制订了2021年的全年计划。企业主要负责人认为现在企业的员工较多，虽然每年都对员工进行安全生产培训，但还是有些员工可能会存在操作失误的风险。所以负责人想在开会的时候跟其他的经理商量，给企业上一个安全生产责任险，这样一来，会给企业的安全增加一重保障。一旦发生事故，保险公司还会为企业分担一部分费用，企业不至于会有很大的损失。

学法有疑

企业必须投保安全生产责任保险吗?

法律讲堂

安全生产责任保险是保险公司对于投保安全生产责任险种的生产经营单位，在其发生生产安全事故以后对死亡、伤残者履行赔偿责任的保险。生产企业投保安全生产责任保险，在发生生产安全事故后，会降低企业的损失，有利于维护社会安定和谐。《安全生产法》第51条第2款明确规定:“国家鼓励生产经营单位投保安全生产责任保险；属于国家规定的高危行业、领域的生产经营单位，应当投保安全生产责任保险。具体范围和实施办法由国务院应急管理部门会同国务院财政部门、国务院保险监督管理机构和相关行业主管部门制定。”安全生产责任险对企业和社会都极为有利，因此国家采取鼓励措施促进企业投保该险种。属于国家规定的高危行业、领域的生产经营单位，应当投保安全生产责任保险。

本案中，苏州某金属制品有限公司的主要负责人想为企业投一份安全生产责任险，这对企业日后发展大有益处。

法律条文

《中华人民共和国安全生产法》

第五十一条第二款 国家鼓励生产经营单位投保安全生产责任保险；属于国家规定的高危行业、领域的生产经营单位，应当投保安全生产责任保险。具体范围和实施办法由国务院应急管理部门会同国务院财政部门、国务院保险监督管理机构和相关行业主管部门制定。

国家鼓励企业投保安全生产责任险，而属于国家规定的高危行业、领域的生产经营单位，应当投保安全生产责任保险。这样做既是迫使相关企业承担起自己的责任，也为高危行业、领域的安全生产经营提供了更多的保障。

29. 矿山施工单位可以将其承包的全部建设工程支解以后以分包的名义分别转包给第三人吗?

案例背景

A公司是一家具备矿山采掘工程施工资质的矿山施工单位，公司注册资本超过5000万元。2020年冬天，A公司参与了某市有关部门发布的矿山工业场地建设和矿石开采工程公开招标，并且中标。中标后双方按照招标文件签订了施工合同，合同上约定A公司的承包方式是包工包料。但在实际施工过程中，A公司却将其承包的工程支解为劳务、机械、材料等多个工程分包给多家没有资质的单位施工，自己只派了十几名技术管理人员进场负责技术管理工作，设备和工人全部由分包商提供。那么，请问A公司可以将其承包的全部建设工程支解后以分包的名义转包给第三人吗?

法律讲堂

根据《安全生产法》第49条第3款的规定，矿山建设项目的施工单位应当加强对施工项目的安全管理，不仅不能倒卖、出租、出借、挂靠或者以其他形式非法转让施工资质，也不能将其承包的全部建设工程转包给第三人或者将其承包的全部建设工程支解以后以分包的名义分别转包给第三人，更不能将工程分包给不具备相应资质条件的单位。

在上面的案例中，A公司既然在公开招标中中标了矿山建设项目，就应当按照中标文件和施工合同中的约定，自行完成施工，而不能将其承包的全部工程支解为劳务、机械、材料等工程，以分包的名义转包给第三人。况且，A公司还是将工程转包给了多家没有资质的单位。法律严格禁止A公司这种违法分包转包行为。

法律条文

《中华人民共和国安全生产法》

第四十九条第三款 矿山、金属冶炼建设项目和用于生产、储存、装卸危险物品的建设项目的施工单位应当加强对施工项目的安全管理，不得倒卖、出租、出借、挂靠或者以其他形式非法转让施工资质，不得将其承包的全部建设工程转包给第三人或者将其承包的全部建设工程支解以后以分包的名义分别转包给第三人，不得将工程分包给不具备相应资质条件的单位。

矿山等施工单位应当加强对施工项目的安全管理，严禁以倒卖、出租、出借、挂靠或者以其他形式非法转让施工资质；严禁利用自身资质承包到工程项目后再转包给别人，包括全部转包和支解后分包。

第3章 安全生产的教育与培训

30. 安全生产培训是什么？应由哪些人员参加呢？

案例背景

刘某是某高空清洁企业的负责人，企业中所有进行高空作业的人员都有高空作业证书。2021 年，安全生产监督管理机构要求该企业安全生产管理负责人刘某参加本年度的安全生产培训。刘某认为自己的企业平时也给员工进行安全生产培训，并且安全生产管理负责人有证书，所以不用去参加培训。刘某的这种想法正确吗？到底什么是安全生产培训呢？哪些人员要参加安全生产培训呢？

学法有疑

安全生产培训是什么？哪些人员要参加安全生产培训呢？

法律讲堂

根据《安全生产培训管理办法》第 3 条第 1 款的规定可知，“本办法所称安全培训是指以提高安全监管监察人员、生产经营单位从业人员和从事安全生产工作的相关人员的安全素质为目的的教育培训活动”。

同时，根据该条第 2 款的规定，需要参加安全生产培训的人员具体包括：（1）安全监管监察人员，主要是指县级以上各级人民政府安全生产监督管理部门、各级煤矿安全监察机构从事安全监管监察、行政执法的安全生产监管人员和煤矿安全监察人员；（2）生产经营单位从业人员，主要是指生产经营单位主要负责人、安全生产管理人员、特种作业人员及其他从业人员；（3）从事安全生产工作的相关人员，主要是指从事安全教育培训工作的教师、危险化学品登记机构的登记人员和承担安全评价、咨询、检测、检验的人员及注册安全工程师、安全生产应急救援人员等。

本案中，刘某作为高空清洁企业的负责人，属于生产经营单位从业人员，虽然其所在企业平时也对员工进行安全生产培训，但是这些培训毕竟不是针对负责人开展的。所以按照法律规定刘某应当参加培训。

法律条文

《安全生产培训管理办法》

第三条 本办法所称安全培训是指以提高安全监管监察人员、生产经营单位从业人员和从事安全生产工作的相关人员的安全素质为目的的教育培训活动。

前款所称安全监管监察人员是指县级以上各级人民政府安全生产监督管理部门、各级煤矿安全监察机构从事安全监管监察、行政执法的安全生产监管人员和煤矿安全监察人员；生产经营单位从业人员是指生产经营单位主要负责人、安全生产管理人员、特种作业人员及其他从业人员；从事安全生产工作的相关人员是指从事安全教育培训工作的教师、危险化学品登记机构的登记人员和承担安全评价、咨询、检测、检验的人员及注册安全工程师、安全生产应急救援人员等。

安全生产培训既包括对企业安全保障制度的完善和规范，又涵盖了对员工安全意识、技能的教育引导。企业负责人要听从安全生产监督管理机构的安排，积极参加安全培训。

31. 让员工自己出培训经费合法吗?

案例背景

林某是一家采矿厂的负责人，由于生产量加大，林某新招聘了一批工人。林某知道采矿是一个危险的行业，并且国家对这类企业管制比较严格，所以不敢掉以轻心，通过朋友介绍，其找到一家有资质的安全生产培训机构。经双方协商，将培训的价格定为每人500元。林某回去下发通知，要求企业新招聘的工人都必须参加安全生产培训，并且每人缴纳500元的培训费。那么培训费用应由员工自己出吗?

学法有疑

员工的安全生产培训费用应由员工自己出吗?

法律讲堂

培训经费让从业人员自己出不符合法律规定。《安全生产培训管理办法》第10条规定，生产经营单位应当建立安全培训管理制度，保障从业人员安全培训所需经费，对从业人员进行与其所从事岗位相应的安全教育培训。由此可知，从业人员安全生产培训所需经费应当由生产经营单位负担。

本案中，林某让员工自己缴纳培训费用的做法是不正确的，该费用应当由企业出。所以对于本案中企业的此项违法行为，根据《安全生产培训管理办法》第31条的规定，员工有权向安全生产监督管理部门、煤矿安全监察机构、煤矿安全培训监管机构报告或举报。

法律条文

《安全生产培训管理办法》

第十条第一款 生产经营单位应当建立安全培训管理制度，保障从业人员安全培训所需经费，对从业人员进行与其所从事岗位相应的安全教育培训；从业人员调整工作岗位或者采用新工艺、新技术、新设备、新材料的，应当对其进行专门的安全教育和培训。未经安全教育和培训合格的从业人员，不得上岗作业。

第三十一条第一款 任何单位或者个人对生产经营单位、安全培训机构违反有关法律、法规和本办法的行为，均有权向安全生产监督管理部门、煤矿安全监察机构、煤矿安全培训监管机构报告或者举报。

一句话说法

对从业人员进行安全生产培训可以保障员工的安全，避免发生事故给企业带来损失。为此，企业应当建立安全生产培训制度对从业人员进行培训，并且培训的费用由企业承担。如果企业违反有关法律、法规操作，那么任何单位或者个人都有权向相关安全生产监管部门报告或者举报。

32. 安全生产培训考核的一般原则和形式是什么?

案例背景

杜某和沈某是亲戚，沈某几年前开了一家纺织厂，生意做得红红火火。企业做得越大，沈某越担心企业的生产安全问题，于是找到杜某，想要杜某考取安全生产管理资格证书，然后到自家的企业来工作。杜某答应了沈某，并开始一心一意地准备安全生产的考试。由于缺乏相关考试经验，杜某希望有人能就安全生产培训考核的形式和基本原则等进行说明。

学法有疑

安全生产培训的考核要注意什么呢？考核要遵循的一般原则又是什么？

法律讲堂

《安全生产培训管理办法》第 18 条规定："安全监管监察人员、从事安全生产工作的相关人员、依照有关法律法规应当接受安全生产知识和管理能力考核的生产经营单位主要负责人和安全生产管理人员、特种作业人员的安全培训的考核，应当坚持教考分离、统一标准、统一题库、分级负责的原则，分步推行有远程视频监控的计算机考试。"教考分离，就是把教学和考试分开，培训机构不参与所任课程的考试。统一标准、统一题库是指对于参加安全考核的人员考核的标准和考核的题目是相同的，没有差别对待，保障了安全考核的公平性。分级负责就是"谁主管，谁负责"，分清了责任体系。弄清考核的原则和方法有利于考核的合格，参加考核者也会更有秩序地公平竞争，通过考核。

本案中，杜某首先应该掌握一些计算机技能，因为考试采取的是机考的形式。其次就是好好准备，认真复习，不要担心过多。

法律条文

《安全生产培训管理办法》

第十八条 安全监管监察人员、从事安全生产工作的相关人员、依照有关法律法规应当接受安全生产知识和管理能力考核的生产经营单位主要负责人和安全生产管理人员、特种作业人员的安全培训的考核，应当坚持教考分离、统一标准、统一题库、分级负责的原则，分步推行有远程视频监控的计算机考试。

第十九条 安全监管监察人员，危险物品的生产、经营、储存单位及非煤矿山、金属冶炼单位主要负责人、安全生产管理人员和特种作业人员，以及从事安全生产工作的相关人员的考核标准，由国家安全监管总局统一制定。

煤矿企业的主要负责人、安全生产管理人员和特种作业人员的考核标准，由国家煤矿安监局制定。

除危险物品的生产、经营、储存单位和矿山、金属冶炼单位以外其他生产经营单位主要负责人、安全生产管理人员及其他从业人员的考核标准，由省级安全生产监督管理部门制定。

安全生产培训的考核原则是教考分离、统一标准、统一题库、分级负责。安全生产培训的考核形式是分步推行有远程视频监视的计算机考试。因此，参加安全生产培训考核的人员除要掌握相关培训的专业知识外，还需要具备一定的计算机操作技术，才能顺利通过考试。

33. 企业中“师傅带徒弟”的做法是否可行？这在法律规定中是否有要求？

案例背景

某硫酸厂新招聘了一批工人，在新的工人入职之前，车间主任为每名工人指派了一名老员工，让老员工带新员工。硫酸厂认为这样比让新工人自己慢慢摸索要好，毕竟老员工的经验多一些，而且硫酸厂生产的物品都具有很强的腐蚀性，新员工可能不懂其中的危险性。另外，企业也为新员工提供了安全生产培训，这样一来，新员工的成长比较迅速，而且学习了安全生产知识。

学法有疑

“师傅带徒弟”的做法是否可行呢？

法律讲堂

《安全生产培训管理办法》第13条规定：“国家鼓励生产经营单位实行师傅带徒弟制度。矿山新招的井下作业人员和危险物品生产经营单位新招的危险工艺操作岗位人员，除按照规定进行安全培训外，还应当在有经验的职工带领下实习满2个月后，方可独立上岗作业。”“师傅带徒弟”方法的好处就在于能够使得进入陌生领域的徒弟在师傅的帮助下迅速地掌握生产技能，同时师傅也向徒弟传授了安全生产知识。在一些危险行业里，“师傅带徒弟”制度是我国法律规定必须执行的，因为这些行业具有极大的危险性，尽管经过了安全生产培训，但是新晋从业人员在实际的生产过程中是不能独立承担工作职能的，必须由老员工带教，等到彻底熟悉实际的工作环境和安全技能后才能独立作业。

在本案中，硫酸厂所采取的“师傅带徒弟”制度是我国法律所允许和提倡的，并且具有危险性质的行业也应当设立“师傅带徒弟”的制度。

法律条文

《安全生产培训管理办法》

第十三条 国家鼓励生产经营单位实行师傅带徒弟制度。

矿山新招的井下作业人员和危险物品生产经营单位新招的危险工艺操作岗位人员，除按照规定进行安全培训外，还应当在有经验的职工带领下实习满2个月后，方可独立上岗作业。

一句话说法

高危企业新职工安全培训合格后，要在经验丰富的工人师傅带领下，实习至少2个月后方可独立上岗。工人师傅一般应当具备中级工以上技能等级，3年以上相应工作经历，成绩突出，善于“传、帮、带”，没有发生过“三违”行为等条件。有关单位应当组织签订师徒协议，建立师傅带徒弟激励约束机制。

34. 安全生产培训可以远程进行吗？

案例背景

安某是某大型服装生产企业的安全生产管理负责人，2021 年 6 月 1 日安某接到企业主要负责人的通知，要去参加市里的安全生产培训。但培训的那几天，正好是安某在外地出差学习的时间。两边都必须准时参加，这可难坏了安某。后来安某的朋友告诉他，可以申请远程参加安全生产培训。那么，安某想要申请通过现代互联网技术，参加远程安全生产管理培训是否符合相关法律法规的要求呢？

学法有疑

安某是否可以远程参加安全生产培训呢？

法律讲堂

《安全生产培训管理办法》第17条规定："国家鼓励安全培训机构和生产经营单位利用现代信息技术开展安全培训，包括远程培训。"安全生产管理培训的最终目的在于使相关人员掌握企业生产的安全知识和技能，保证在生产作业过程中尽量不发生安全问题，同时也可以保证企业的生产经营效益不受影响。

本案中，安某作为安全生产管理负责人必须参加安全生产培训，但是因为其他原因不能到现场学习，因此，在保障有效学习效果的基础上，可以通过互联网远程培训的方法参加安全生产培训。

法律条文

《安全生产培训管理办法》

第十七条 国家鼓励安全培训机构和生产经营单位利用现代信息技术开展安全培训，包括远程培训。

一句话说法

当今社会，传播手段的多样化可以有效实现信息的交流与传递，同时保证信息传递的准确性，所以安全生产培训无论是现场参加还是通过远程的方式参加，只要能有效地学习相关知识，都是可以的。

35. 特种作业操作证在全国通用吗?

案例背景

赵某是石家庄人，毕业后在石家庄找了一份电气焊的工作。由于工作需要，赵某考取了焊接与热切割作业的特种作业操作证。2021年，因为妻子的工作发生调动，赵某一家人决定搬迁至陕西工作。但是，赵某也对自己工作的事情有所担忧，因为自己的工作比较特殊，上岗一定要持证书，并且自己从事这个工作已经很多年了，不想改行。所以，赵某想知道这个证书是不是在全国范围内都有效。如果是，那就不用再重新考试了，如果不是的话，是不是还要按照原来的程序重新参加考试?

学法有疑

特种作业操作证在全国范围内有效吗?

法律讲堂

特种作业操作证，由国家安全生产监督主管部门统一式样、标准及编号。特种作业操作证的有效期为六年，三年一复审，在全国范围内有效。《安全生产培训管理办法》第26条中有明确规定："特种作业操作证和省级安全生产监督管理部门、省级煤矿安全培训监管机构颁发的主要负责人、安全生产管理人员的安全合格证，在全国范围内有效。"

本案中，赵某的担心不无道理，因为要跨省工作，所以面临着可能要重新参加考试的问题。不过，法律也明确规定了，特种作业操作证是在全国范围内通用的，所以赵某不用重新参加考试。

法律条文

《安全生产培训管理办法》

第二十六条 特种作业操作证和省级安全生产监督管理部门、省级煤矿安全培训监管机构颁发的主要负责人、安全生产管理人员的安全合格证，在全国范围内有效。

一句话说法

特种作业操作证之所以在全国范围内有效，是因为基本上全国各地对特种作业的要求及培训都一样，每一种特种作业涉及的安全问题也都基本相同。

36. 相关部门有权检查生产经营单位安全生产培训的哪些方面？

案例背景

某县新成立了一家机械制造加工厂，按照惯例，对于本行政区内成立的加工厂，市级安全生产监督管理机构都要进行安全生产检查，对于新成立的就更要及时检查有无安全隐患的存在。市级安全生产监督管理机构的工作人员在检查完该机械制造加工厂的工作环境、机械设备、职工资格后，要求对加工厂的安全生产培训计划及计划的实施情况进行检查。这时加工厂的负责人犯难了，因为加工厂自成立以来对招进来的工人都是进行简单的培训后就让其开始生产作业了，根本没有安全生产培训的计划。

学法有疑

该机械制造加工厂应否将安全生产培训计划及其实施情况交由监管人员检查呢？监管人员在进行检查时都应该检查哪些内容呢？

法律讲堂

负有安全生产监督管理职责的部门不仅要对存在的安全隐患和安全措施进行检查，更要对与安全生产相关的一系列问题，包括安全生产培训计划的制订和实施情况进行检查。《安全生产培训管理办法》第30条规定：“安全生产监督管理部门、煤矿安全培训监管机构应当对生产经营单位的安全培训情况进行监督检查，检查内容包括：（一）安全培训制度、年度培训计划、安全培训管理档案的制定和实施的情况；（二）安全培训经费投入和使用的情况；（三）主要负责人、安全生产管理人员接受安全生产知识和管理能力考核的情况；（四）特种作业人员持证上岗的情况；（五）应用新工艺、新技术、新材料、新设备以及转岗前对从业人员安全培训的情况；（六）其他从业人员安全培训的情况；（七）法律法规规定的其他内容。”

本案中，负有安全生产监督管理职责的部门是有权要求检查安全生产培训计划的制定实施情况的。

法律条文

《安全生产培训管理办法》

第三十条 安全生产监督管理部门、煤矿安全培训监管机构应当对生产经营单位的安全培训情况进行监督检查，检查内容包括：

（一）安全培训制度、年度培训计划、安全培训管理档案的制定和实施的情况；

（二）安全培训经费投入和使用的情况；

（三）主要负责人、安全生产管理人员接受安全生产知识和管理能力考核的情况；

（四）特种作业人员持证上岗的情况；

（五）应用新工艺、新技术、新材料、新设备以及转岗前对从业人员安全培训的情况；

（六）其他从业人员安全培训的情况；

（七）法律法规规定的其他内容。

在负有安全生产监督管理职责的部门进行监督检查时，生产经营单位要积极配合工作人员完成监督检查工作，同时生产经营单位在平时的生产作业中一定要严格执行保障安全生产工作的各项措施，制订完备的安全生产培训计划。

37. 对于举报违法培训的举报人有什么保护措施吗?

案例背景

齐某在2019年考取了高空清洁作业的特种作业操作证，2020年11月，齐某所在的工厂委托有资质的安全生产培训机构对与齐某同一批入职的工人进行培训，厂里承担了每人5000元的培训费用。然而，这家安全生产培训机构在培训即将结束时，要求齐某等人缴纳后续的培训费用，每人3000元。齐某觉得不对劲，因为厂里已经给大家缴纳了培训费用，并没听说有后续的培训费用。但培训机构称如果不交齐后续费用，就不能再继续参加培训。于是齐某向有关单位举报了该安全生产培训机构。

学法有疑

有关单位是否应该对齐某的举报予以保密?

法律讲堂

《安全生产培训管理办法》第31条第2款规定，接到举报的部门或者机构应当为举报人保密，并按照有关规定对举报进行核查和处理。

本案中，齐某所在的企业已经为齐某等工人缴纳了培训费用，但是安全生产培训机构又让齐某等缴纳后续费用，明显是乱收费。齐某对其乱收费的现象进行了举报，接到举报的单位应该对齐某的举报予以保密，这样才能保障举报者的利益，打消举报者心中的顾虑。

法律条文

《安全生产培训管理办法》

第三十一条第二款 接到举报的部门或者机构应当为举报人保密，并按照有关规定对举报进行核查和处理。

一句话说法

从举报者的角度出发，举报者在举报了安全生产培训机构乱收费的情况后，往往心存担忧，怕给自己带来麻烦。所以，接受举报的有关单位应当为举报人保密，这样才能让群众敢于对违法培训进行举报，使举报制度真正发挥作用。

38. 以不正当手段获得相关安全合格证书的会怎样?

案例背景

祝某在某化工厂工作，由于工作业绩突出，厂长决定将其提拔为经理。祝某称自己能力有限，不想做经理，想考取安全生产管理资格证，负责厂里安全生产方面的监督与管理工作，厂长答应了祝某。祝某平时参加培训时没有好好学习相关知识，所以在考试前觉得自己可能考不过。但他正巧得知监考老师是自己的亲戚，便找亲戚通融了一下，这才顺利拿下安全生产管理资格证。

学法有疑

祝某通过不正当手段拿下资格证书，法律会给予其什么样的处罚？

法律讲堂

《安全生产培训管理办法》第35条规定：“生产经营单位主要负责人、安全生产管理人员、特种作业人员以欺骗、贿赂等不正当手段取得安全合格证或者特种作业操作证的，除撤销其相关证书外，处3000元以下的罚款，并自撤销其相关证书之日起3年内不得再次申请该证书。”所以对于生产经营单位主要负责人、安全生产管理人员、特种作业人员以欺骗、贿赂等不正当手段取得安全合格证或者特种作业操作证的，有关部门应当撤销其证书并处相应的罚款。

本案中，祝某通过找到自己的亲戚“通融”的手段取得的证书会被撤销，而且自证书被撤销之日起3年内不得再次申请该证书，有关部门将对其处以相应的罚款。

法律条文

《安全生产培训管理办法》

第三十五条 生产经营单位主要负责人、安全生产管理人员、特种作业人员以欺骗、贿赂等不正当手段取得安全合格证或者特种作业操作证的，除撤销其相关证书外，处3000元以下的罚款，并自撤销其相关证书之日起3年内不得再次申请该证书。

生产安全是大事，所以国家对相关证书的监管比较严格。对于通过不正当手段取得证书的人，法律规定应该撤销其证书，还会处以相应的罚款，并且在一定时限内不准其再次参加该考试。

39. 生产经营单位中参加安全生产培训的人员应当包括哪些?

案例背景

为响应国家安全生产的号召，某省要求全省煤矿企业都要进行安全生产培训工作，并派相关监督检查人员定期去企业检查安全生产培训工作的进展。某煤矿企业为了响应国家和省级政府的号召，也为了在以后的工作中能真正做到安全生产，决定委托专业的培训机构对企业内的人员进行安全生产培训。但是在报名时该煤矿企业的老板只为生产小组的组长报了名。培训机构的工作人员提醒：“您作为煤矿企业的负责人也应该参加安全生产培训。”

学法有疑

生产经营单位中的哪些人员应当参加安全生产培训呢?

法律讲堂

生产经营单位对本单位的员工负有一定的安全生产教育责任，其中就包括法定的安全生产培训责任。参训员工应当通过接受安全生产培训，熟悉有关安全生产规章制度和安全生产操作规程，掌握必要的安全生产知识，从而在具体工作中尽量避免安全事故的发生。

根据《生产经营单位安全培训规定》第 4 条第 1 款和第 5 款可知，生产经营单位应当参加安全培训的从业人员包括主要负责人、安全生产管理人员、特种作业人员和其他从业人员。未经安全生产培训合格的从业人员，不得上岗作业。

所以，该煤矿企业中参加培训的人员应当包括该煤矿企业的负责人，安全生产的管理人以及通风、排水、安全检查等特种作业的人员。

法律条文

《安全生产培训管理办法》

第十一条 生产经营单位从业人员的培训内容和培训时间，应当符合《生产经营单位安全培训规定》和有关标准的规定。

《生产经营单位安全培训规定》

第四条 生产经营单位应当进行安全培训的从业人员包括主要负责人、安全生产管理人员、特种作业人员和其他从业人员。

生产经营单位使用被派遣劳动者的，应当将被派遣劳动者纳入本单位从业人员统一管理，对被派遣劳动者进行岗位安全操作规程和安全操作技能的教育和培训。劳务派遣单位应当对被派遣劳动者进行必要的安全生产教育和培训。

生产经营单位接收中等职业学校、高等学校学生实习的，应当对实习学生进行相应的安全生产教育和培训，提供必要的劳动防护用品。学校应当协助生产经营单位对实习学生进行安全生产教育和培训。

生产经营单位从业人员应当接受安全培训，熟悉有关安全生产规章制度和安全操作规程，具备必要的安全生产知识，掌握本岗位的安全操作技能，了解事故应急处理措施，知悉自身在安全生产方面的权利和义务。

未经安全培训合格的从业人员，不得上岗作业。

一句话说法

为了保障生产经营单位的安全生产工作能顺利进行，单位的主要负责人、安全生产管理人员、特种作业人员以及其他从业人员都应当参加安全生产培训，没有参加安全生产培训以及培训不合格的人员都不可以上岗作业。

40. 对生产企业主要负责人的安全生产培训都有什么内容?

案例背景

蒋某是一家企业的生产负责人，2020年年底时接到安全生产管理部门的通知，要求他及企业的其他主要负责人在2021年年初到市里参加安全培训。蒋某和企业的其他主要负责人商量着一起去参加，但是他们不清楚安全生产培训都包括什么内容。于是他们打算先问问管理部门，以便提前做好相应的准备。

学法有疑

对生产经营单位主要负责人的安全生产培训都有什么内容?

法律讲堂

根据《生产经营单位安全培训规定》第7条的规定，对生产企业主要负责人的安全培训主要包含以下七个方面：(1)国家安全生产方针、政策和有关安全生产的法律、法规、规章及标准；(2)安全生产管理基本知识、安全生产技术、安全生产专业知识；(3)重大危险源管理、重大事故防范、应急管理和救援组织以及事故调查处理的有关规定；(4)职业危害及其预防措施；(5)国内外先进的安全生产管理经验；(6)典型事故和应急救援案例分析；(7)其他需要培训的内容。

由此可知，本案中，蒋某等人将会接受以上几个方面的培训，他们可以通过向相关部门进行咨询从而提前了解培训的大概内容，以便事先做好准备。

法律条文

《生产经营单位安全培训规定》

第七条 生产经营单位主要负责人安全培训应当包括下列内容：

（一）国家安全生产方针、政策和有关安全生产的法律、法规、规章及标准；

（二）安全生产管理基本知识、安全生产技术、安全生产专业知识；

（三）重大危险源管理、重大事故防范、应急管理和救援组织以及事故调查处理的有关规定；

（四）职业危害及其预防措施；

（五）国内外先进的安全生产管理经验；

（六）典型事故和应急救援案例分析；

（七）其他需要培训的内容。

生产经营单位的管理人员、主要负责人员的安全管理知识、安全生产意识以及重大事故防范处理方式等直接决定着企业的运行安全，对这些人员进行安全方面的相关培训，才能保障企业的安全、高效运转。

41. 临时工上岗前必须要接受培训吗?

案例背景

某煤矿厂年底的生产量突然增加，现有员工已经不能满足企业生产的需要。矿厂老板为了企业利益考虑，招聘了一批临时工。由于时间紧、任务重，矿厂老板要求新招聘的临时工直接上岗，但是有一些临时工产生了疑问：在煤矿企业里面上班不是要先培训再上岗的吗？现在自己什么都不清楚，什么安全生产知识都不懂，怎么作业呢？他们认为，不培训直接工作是对自己的生命不负责任。那么，临时工上岗前需要接受培训吗？

学法有疑

临时工上岗前需要接受培训吗？

法律讲堂

根据《生产经营单位安全培训规定》第11条的规定，煤矿、非煤矿山、危险化学品、烟花爆竹、金属冶炼等生产经营单位必须对新上岗的临时工、合同工、劳务工、轮换工、协议工等进行强制性安全培训，保证其具备本岗位安全操作、自救互救以及应急处置所需的知识和技能后，方能安排上岗作业。

本案中，煤矿厂老板招聘临时工后要求其直接上岗，这样的做法属于违法行为，因为在煤矿从事的工作具有极高的危险性，是我国法律明确规定必须进行上岗前培训的行业。因此，即使是临时工，企业也必须对其进行上岗前的安全培训，并且要保证工人掌握安全操作技能及应急处置措施后才能够上岗工作。

法律条文

《生产经营单位安全培训规定》

第十一条 煤矿、非煤矿山、危险化学品、烟花爆竹、金属冶炼等生产经营单位必须对新上岗的临时工、合同工、劳务工、轮换工、协议工等进行强制性安全培训，保证其具备本岗位安全操作、自救互救以及应急处置所需的知识和技能后，方能安排上岗作业。

一句话说法

在现实生活中，大多数企业都会招募临时工来应对因生产任务增加而造成的人手短缺的境况。在我国，并不是所有行业的临时工头一次上岗都必须经过岗前培训，但是，煤矿、非煤矿山、危险化学品、烟花爆竹、金属冶炼等一些特殊行业的临时工、合同工、劳务工、轮换工、协议工等都必须进行上岗前的安全培训。

42. 工人在安全生产培训期间有工资吗？

案例背景

贾某和兰某是大学同学，毕业后两人一起到某建筑公司工作。建筑公司要求对新员工进行安全生产培训，贾某和兰某是第一批要进行培训的员工。10月，安全生产培训结束，贾某和兰某直接上岗参加正式工作。但是在11月发工资的时候，贾某和兰某发现自己参加培训时没有计算工资。两人向建筑公司的财务咨询了这件事，财务人员说，本来培训的时候就没有工资。那么，财务人员的说法对吗？

学法有疑

工人在培训时有工资吗？

法律讲堂

工人到企业后接受培训虽然有别于正常的生产活动，但归根结底是工人在以另一种形式进行劳动，所以应当取得工厂支付的工资。对此，《生产经营单位安全培训规定》第23条有明确规定："生产经营单位安排从业人员进行安全培训期间，应当支付工资和必要的费用。"

本案中，参加工厂的统一培训，也是为工厂劳动的一种形式，故贾某和兰某作为新员工参加企业的安全生产培训，按照法律规定，培训的时间也应当计入工时，发给工资。

法律条文

《生产经营单位安全培训规定》

第二十三条 生产经营单位安排从业人员进行安全培训期间，应当支付工资和必要的费用。

生产企业为了能够更安全、更高效地进行生产，需要对从业人员进行安全生产培训。在这段时间内，工人是有权利并且应当领取自己的工资的，因为培训的最终目的是为生产企业长期的经济效益考虑。

43. 什么是三级安全培训教育？应该进行三级安全培训教育的单位包括哪些？

案例背景

为了响应政府“开展三级安全培训教育，建立企业安全生产模式”的号召，某车床加工厂决定对新招聘进来的一批非专业的从业人员以及原有的从业人员进行三级安全培训教育，以确保各个环节都能够进行安全生产，尽可能减少生产安全事故的发生。该厂根据厂、车间、班组的级别将工人分为若干小组，分时间段对各个小组进行安全培训教育。通过这次安全培训教育，广大员工普遍反映对自己岗位的安全性及安全生产的认识有了进一步提高。

学法有疑

什么是三级安全培训教育？应当开展三级安全培训教育的单位具体包括哪些呢？

法律讲堂

三级安全培训教育是指厂（矿）、车间（工段、区、队）、班组三级进行的安全培训教育。在我国，根据企业所从事生产经营活动的种类，也相应形成了多种培训制度。在众多安全培训方式中，三级安全培训方式占有重要地位。企业在生产经营活动中可以根据自身的实际状况决定选用哪种培训方式。同时，我国法律明确规定了加工、制造业等生产单位的其他从业人员在上岗前必须接受三级安全培训，只有经过这样体系化的安全培训，才能确保从业人员的生产水平可以达到法律所要求的安全线，才能确保从业人员的人身安全和企业生产的基本安全。根据《生产经营单位安全培训规定》第12条的规定，加工、制造业等生产单位的其他从业人员，在上岗前必须经过厂（矿）、车间（工段、区、队）、班组三级安全培训教育。生产经营单位应当根据工作性质对其他从业人员进行安全培训，保证其具备本岗位安全操作、应急处置等知识和技能。

在本案中，车床加工厂属于加工生产单位，在应实行三级安全培训教育的行业范围内，该车床加工厂对厂、车间、班组的员工进行的分组分级安全培训正是三级安全培训教育。

法律条文

《生产经营单位安全培训规定》

第十二条 加工、制造业等生产单位的其他从业人员，在上岗前必须经过厂（矿）、车间（工段、区、队）、班组三级安全培训教育。

生产经营单位应当根据工作性质对其他从业人员进行安全培训，保证其具备本岗位安全操作、应急处置等知识和技能。

一句话说法

为了保证加工、制造业等生产单位的安全生产，我国有关法规规定这些行业的从业人员在上岗前必须经过厂（矿）、车间、班组三级安全培训教育，没有按照规定进行三级安全培训的从业人员是不允许上岗工作的。

44. 企业对新员工的安全生产培训时间是多长？培训内容包括哪些？

案例背景

段某是某大型机械制造厂的车间主任，因为年底的订单多，业务量比较大，主要负责人让段某再招聘一批工人，加大生产力度。段某根据任务量要求招聘了50名新工人。不过，安全生产负责人告诉段某，招聘的这些工人不能直接到生产线上去，厂里还得培训一下才行。段某只知道自己作为一个车间主任在上岗前接受了培训，但不知道新员工培训的时长和内容是什么？

学法有疑

企业对新员工的安全生产培训时间是多长？培训内容包括哪些？

法律讲堂

根据《生产经营单位安全培训规定》第13条的规定，生产经营单位新上岗的从业人员，岗前安全培训时间不得少于24学时。煤矿、非煤矿山、危险化学品、烟花爆竹、金属冶炼等生产经营单位新上岗的从业人员安全培训时间不得少于72学时，每年再培训的时间不得少于20学时。关于培训内容，第14条规定，厂（矿）级岗前安全培训内容应当包括：（1）本单位安全生产情况及安全生产基本知识；（2）本单位安全生产规章制度和劳动纪律；（3）从业人员安全生产权利和义务；（4）有关事故案例等。煤矿、非煤矿山、危险化学品、烟花爆竹等生产经营单位厂（矿）级安全培训除包括上述内容外，应当增加事故应急救援、事故应急预案演练及防范措施等内容。

本案中，机械制造厂应该按照法律的要求对新员工进行岗前培训，培训时间不得少于24学时。虽然年底的生产业务量加大，急需人手，但也应按法定的培训时长和内容对新员工做好安全生产培训及岗前培训，这样才能保证生产期间员工的安全。

法律条文

《生产经营单位安全培训规定》

第十三条 生产经营单位新上岗的从业人员，岗前安全培训时间不得少于24学时。

煤矿、非煤矿山、危险化学品、烟花爆竹、金属冶炼等生产经营单位新上岗的从业人员安全培训时间不得少于72学时，每年再培训的时间不得少于20学时。

第十四条 厂（矿）级岗前安全培训内容应当包括：

（一）本单位安全生产情况及安全生产基本知识；

（二）本单位安全生产规章制度和劳动纪律；

（三）从业人员安全生产权利和义务；

（四）有关事故案例等。

煤矿、非煤矿山、危险化学品、烟花爆竹、金属冶炼等生产经营单位厂（矿）级安全培训除包括上述内容外，应当增加事故应急救援、事故应急预案演练及防范措施等内容。

出于对从业人员人身安全的考虑，生产经营单位对于新上岗的人员都要进行岗前培训，并且我国对岗前培训的时间有严格的要求。特别是对于一些特定的行业，我国法律法规不但规定了安全培训的时长，还对培训内容作出了明确规定。

第 4 章 员工的安全生产权利义务

45. 不参加安全生产教育和培训能否上岗作业？

案例背景

某机械制造厂为扩大生产经营规模，新招聘了一批工作人员，但是由于工作任务重，该机械制造厂没有对这批工作人员进行系统的安全生产培训，只是进行了简单的情况介绍就让工作人员上岗作业了。有人说：“我之前工作的厂子从来不允许没有进行过安全生产培训的工人上岗工作，现在这里不安排培训，要是我们有人因为不了解规章制度、操作章程等基本情况发生了事故，该由谁来负责呢?”这一质疑警醒了制造厂的负责人。此后，不论工厂的生产任务有多重，制造厂都会先对新招进来的员工组织安全生产教育和培训，培训合格的才允许上岗工作。

学法有疑

是不是所有的生产经营单位都要对新晋员工进行安全生产教育和培训之后才可让其上岗工作呢?没有参加安全生产教育和培训的从业人员能否上岗作业呢?

法律讲堂

生产必须以确保安全为前提，不安全，则不生产。这是《安全生产法》对生产经营单位从事生产经营活动的根本要求。《安全生产法》第28条第1款规定:“生产经营单位应当对从业人员进行安全生产教育和培训，保证从业人员具备必要的安全生产知识，熟悉有关的安全生产规章制度和安全操作规程，掌握本岗位的安全操作技能，了解事故应急处理措施，知悉自身在安全生产方面的权利和义务。未经安全生产教育和培训合格的从业人员，不得上岗作业。”生产经营单位必须保证每一名从业人员都具备安全生产操作的知识和技能，要做到对每一名从业人员都进行安全生产教育和培训，不得使培训不合格的从业人员上岗工作。

法律条文

《中华人民共和国安全生产法》

第二十八条第一款 生产经营单位应当对从业人员进行安全生产教育和培训，保证从业人员具备必要的安全生产知识，熟悉有关的安全生产规章制度和安全操作规程，掌握本岗位的安全操作技能，了解事故应急处理措施，知悉自身在安全生产方面的权利和义务。未经安全生产教育和培训合格的从业人员，不得上岗作业。

一句话说法

生产经营单位必须保证安全生产，保证从业人员具备相应的安全生产知识，这就需要对从业人员进行岗前安全生产教育和培训，保证所有的上岗人员都是经过安全生产教育和培训合格的从业人员。

46. 生产单位在劳动合同中减轻或者免除企业安全生产责任的，在发生生产安全事故时要承担什么责任？

案例背景

2021 年 3 月，张某应聘到一家电子厂上班。同年 4 月，张某在工作中不幸手部受伤，经医院诊断，张某右手的两根手指断裂，其余部分也有不同程度的挫伤。在医生的精心治疗下，张某的伤情逐渐好转。出院后，张某找到电子厂的负责人，希望工厂能尽快给自己报销 5 万余元的医疗费，并支付误工费。不料，工厂负责人却拿出张某进厂时签订的劳动合同，告知张某："劳动合同上清清楚楚地写着，员工在工作期间发生的任何事故与厂里无关，由员工自行负责。"就这样，张某的工伤待遇始终没能得到落实。

学法有疑

电子厂和张某签订的厂方无责任的协议是否有效呢？张某因工受伤能否要求厂里承担责任呢？

法律讲堂

安全生产管理责任是企业作为社会主体不可推卸的法律责任。对此，《安全生产法》第52条进行了明确规定：“生产经营单位与从业人员订立的劳动合同，应当载明有关保障从业人员劳动安全、防止职业危害的事项，以及依法为从业人员办理工伤保险的事项。生产经营单位不得以任何形式与从业人员订立协议，免除或者减轻其对从业人员因生产安全事故伤亡依法应承担的责任。”此外，根据该法第106条的规定，生产经营单位与从业人员订立协议，免除或者减轻其对从业人员因生产安全事故伤亡依法应承担的责任的，该协议无效。

由此可知，生产经营单位负有为员工办理工伤保险的法定责任，且法律明确禁止经营单位以协议的方式减免自身法定责任。因此，案例中电子厂与张某签订的免责协议是无效的，张某可以依法要求厂里承担其因工受伤的责任，并要求享受工伤保险待遇。

法律条文

《中华人民共和国安全生产法》

第五十二条 生产经营单位与从业人员订立的劳动合同，应当载明有关保障从业人员劳动安全、防止职业危害的事项，以及依法为从业人员办理工伤保险的事项。

生产经营单位不得以任何形式与从业人员订立协议，免除或者减轻其对从业人员因生产安全事故伤亡依法应承担的责任。

第一百零六条 生产经营单位与从业人员订立协议，免除或者减轻其对从业人员因生产安全事故伤亡依法应承担的责任的，该协议无效；对生产经营单位的主要负责人、个人经营的投资人处二万元以上十万元以下的罚款。

一句话说法

安全生产责任是生产者的法定责任，生产安全事故发生后，生产经营单位应积极承担责任，企图通过与员工签订减免责任协议的方式推卸责任的生产经营单位，不但得不到有效的免责凭证，还会招致罚款等法律处罚。

47. 从业人员对工作环境的危险因素是否有知悉权?

案例背景

段某是某汽车零件加工厂的工人，自2012年入职以来，一直从事卡车油泵零部件的加工工作。近年来，消费者更加青睐新能源汽车，段某所在的加工厂不得不进行改革，将业务领域重点转移到新能源汽车零部件的生产加工上来。为此，加工厂购进了大批新式生产设备，淘汰了一些较为陈旧落后的机器。看着大量新式设备，段某不免内心有些不安，毕竟自己对这些新机器并不了解，对其中潜在的危险因素并不知悉，担心操作不当会引发生产安全事故。段某将自己的顾虑反映给领导，却得到这样的答复:“这不是你该关心的，你只管做好你的工作就可以了。”

学法有疑

段某是否有权要求工厂负责人说明工作环境中的危险因素呢？

法律讲堂

工作环境中存在的各种危险因素对于劳动者的人身安全都是潜在的威胁，劳动者只有了解危险因素才可以提前做好防范措施，尽量避免生产安全事故的发生。《安全生产法》第53条规定：“生产经营单位的从业人员有权了解其作业场所和工作岗位存在的危险因素、防范措施及事故应急措施，有权对本单位的安全生产工作提出建议。”因此，了解工作场所和工作岗位的危险因素，做好防范措施和事故应急措施是劳动者的一项权利。

本案中，段某要求厂里的负责人说明其工作场所中存在的危险因素是于法有据的，厂里的负责人理应向段某说明，以便段某在工作中做好防范措施。

法律条文

《中华人民共和国安全生产法》

第五十三条 生产经营单位的从业人员有权了解其作业场所和工作岗位存在的危险因素、防范措施及事故应急措施，有权对本单位的安全生产工作提出建议。

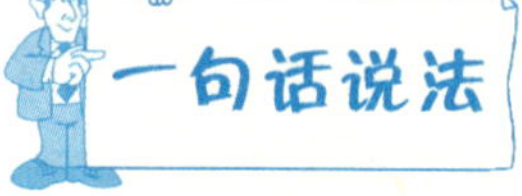

为了保证安全生产，从业人员有权知悉其工作环境、工作岗位上存在的不安全因素，有权要求企业向其说明安全防范措施及事故的应急处理措施。同时，从业人员也可以向单位领导提出有关安全生产的建议。

48. 发生危及人身安全的紧急情况，从业人员是否可以弃财保自己？

案例背景

魏某是某家具厂的一名家具搬运工，在一次运送家具的过程中，魏某刚把家具运送到指定地点，就发现上方的家具已成倾倒之势。出于自保的本能，魏某立即闪躲开来。所幸的是，魏某本人并没有受到任何伤害，但他刚才辛辛苦苦搬进来的家具都因缺少应急措施而被砸坏，就连之前摆放好的家具也都受到了不同程度的损坏。家具厂管理人员得知此事后，以魏某没能做好本职工作致使公司遭受重大经济损失为由，对魏某作出了扣除三个月工资并免除其半年奖金的处罚。

学法有疑

家具厂对魏某作出的处罚是否合理合法呢？魏某是否能因工作中人身安全面临损害而弃财保自己呢？

法律讲堂

日常生活中，尤其是一线职工在工作岗位上进行作业的过程中，都可能会面临发生突发事件的风险，这些突发事件甚至会同时威胁到从业人员的人身安全及公司的财产。在保障人身安全和保护公司财产两难的情况下，从业人员该如何选择呢？《安全生产法》第55条规定："从业人员发现直接危及人身安全的紧急情况时，有权停止作业或者在采取可能的应急措施后撤离作业场所。生产经营单位不得因从业人员在前款紧急情况下停止作业或者采取紧急撤离措施而降低其工资、福利等待遇或者解除与其订立的劳动合同。"可见，从业人员在难以同时保障自身安全和公司财产的情况下，是可以优先选择保障自身安全的。同时，因此造成的损失也不应由从业人员承担。

本案中，魏某因为遇到直接危及其人身安全的事故而放弃第一时间采取保护家具的措施，优先保障个人的人身安全。魏某的此项行为是合情合法的。家具厂对魏某实施的扣除工资和奖金的处罚显然是与法律规定相违背的，魏某可以依法维护自己获得劳动报酬的权利。

法律条文

《中华人民共和国安全生产法》

第五十五条　从业人员发现直接危及人身安全的紧急情况时，有权停止作业或者在采取可能的应急措施后撤离作业场所。

生产经营单位不得因从业人员在前款紧急情况下停止作业或者采取紧急撤离措施而降低其工资、福利等待遇或者解除与其订立的劳动合同。

在从业过程中因发生突发事件致使人财不能两全的情况下，从业人员可以优先保证自己的人身不受伤害，紧急撤离现场，而生产经营单位不得因此扣除其工资、降低其福利待遇或与其解除劳动合同。

49. 从业人员是否应当履行安全生产方面的义务呢？

案例背景

小王是某建筑企业的一名施工测量员。该建筑企业的安全生产规章制度中明确规定，所有在工地工作的人员一律要佩戴安全帽，并且企业也为每名进出工地的员工发放了安全帽。由于小王刚毕业不久，良好的安全工作习惯尚未养成，经常忘记佩戴安全帽。虽然工地的安全管理人员提醒过他几次，但是小王还是会偶尔忘记戴安全帽。管理人员发现对小王的劝说没有效果，遂决定对其没有遵守安全生产规章制度的行为作出处罚。

学法有疑

从业人员是否应当履行安全生产方面的义务呢？

法律讲堂

安全生产不仅是生产经营单位的一项法定义务，也是从业人员的一项法定义务。生产经营单位应当保证从业人员获得安全生产保障的权利，同时从业人员也要履行安全生产方面的义务。《安全生产法》第6条规定："生产经营单位的从业人员有依法获得安全生产保障的权利，并应当依法履行安全生产方面的义务。"安全生产方面的义务具体包括从业人员要遵守生产经营单位的安全生产规章制度、安全生产规则，参加安全生产教育培训等。

本案中，小王没有按照企业的安全生产规章制度佩戴安全帽，未全面履行安全生产方面的义务，是不对的。

法律条文

《中华人民共和国安全生产法》

第六条 生产经营单位的从业人员有依法获得安全生产保障的权利，并应当依法履行安全生产方面的义务。

安全生产既是生产经营单位的责任，也是从业人员应履行的义务，从业人员在从生产经营单位依法获得安全生产保障权利的同时，也要自觉遵守本单位的安全生产规章制度。

50. 没有取得特种作业操作证人员上岗作业的，生产经营单位会受到什么处罚？

案例背景

小刘第一次找工作，在某矿山门口发现该矿山在招聘矿井通风工。小刘觉得这份工作并不累人，工资待遇又很可观，于是决定去应聘这个职位。一走进招聘部门，小刘就看到来这里应聘的人早就坐满了屋子，而且他们手里还都拿着一个小册子。正当小刘好奇那个小册子是什么时，一名招聘部门的主管人员对小刘说："把你的矿井通风特种作业操作证拿出来给我看一下。"小刘不解地问："不就是一个矿井通风的工作吗，为什么还要特种作业操作证？"主管人员说："当然！如果你无证上岗，我们单位要受处罚的。"

学法有疑

矿井通风的工作人员是否应有特种作业操作证？没有特种作业操作证的人员上岗作业的，生产经营单位会受到什么处罚？

法律讲堂

生产经营单位的特种作业人员，是指直接从事特种作业的人员，其作业的场所、操作的设备、操作内容具有较大的危险性，容易发生伤亡事故，或者容易对操作者本人、他人以及周围设施的安全造成重大危害。根据《特种作业人员安全技术培训考核管理规定》附件的"特种作业目录"，特种作业人员包括电工中的高低压电工、防爆电气工，煤矿安全工中的井下电气工、井下爆破工、安全监测监控工、瓦斯检查工、安全检查工、提升机操作工等以及金属非金属矿山安全工中的矿井通风工、尾矿工、矿山支柱工、矿山井下电气工、矿山排水工等多种职业的作业人员。

案例中的小刘由于不懂法律，以为任何人都可以当矿井通风工，实属大错特错。矿井通风工是特种作业职业之一，从业人员需要具备相应的技能，经考核合格、取得合法的操作证书后才能上岗任职。未取得特种作业操作证上岗作业的，生产单位会被责令限期改正，处以 10 万元以下罚款；逾期未改正的，责令停产停业整顿，并处 10 万元以上 20 万元以下的罚款，对其直接负责的主管人员和其他直接责任人员处 2 万元以上 5 万元以下的罚款。

法律条文

《中华人民共和国安全生产法》

第三十条 生产经营单位的特种作业人员必须按照国家有关规定经专门的安全作业培训，取得相应资格，方可上岗作业。

特种作业人员的范围由国务院应急管理部门会同国务院有关部门确定。

第九十七条 生产经营单位有下列行为之一的，责令限期改正，处十万元以下的罚款；逾期未改正的，责令停产停业整顿，并处十万元以上二十万元以下的罚款，对其直接负责的主管人员和其他直接责任人员处二万元以上五万元以下的罚款：

……

（七）特种作业人员未按照规定经专门的安全作业培训并取得相应资格，上岗作业的。

包括矿井通风作业、尾矿作业、矿山支柱作业、矿山井下电气作业在内的多种特种作业的从业人员需要经过专业的培训，经过考核合格、取得相应的操作证书才可以上岗作业。这样既是为了保障企业的安全生产，也是为了保障从业人员在工作中的人身安全。

51. 从业人员可以拒绝企业的强令冒险作业要求吗?

案例背景

郭某在某煤矿开采企业工作。在一次煤矿开采的过程中，郭某所在小组的组长为了能够及时开采出足量的煤矿供给需货方，在明知矿山开采通风措施发生故障且地下开采通风效果不达标的情况下，仍然强令郭某等7名工作人员冒险进入地下进行煤矿开采工作。郭某当即向组长反映开采条件不达标不能进行地下开采工作，紧接着其他几名工作人员也纷纷拒绝组长的强令冒险作业要求。组长无奈，只得取消此次的强令冒险作业任务，但以带头不服从领导安排为由给予郭某扣除半个月工资的处罚。

学法有疑

郭某等人是否有权利拒绝组长的强令冒险作业要求?组长对郭某作出的处罚是否合理?

法律讲堂

强令冒险作业是指生产经营单位的有关管理人员在明知开始或者继续作业会有重大危险的情况下，仍然命令从业人员进行作业的行为。强令冒险作业直接威胁到从业人员的人身安全问题，也是直接导致生产安全事故发生的重要原因之一。《安全生产法》第54条明确赋予了从业人员拒绝强令冒险作业的权利："从业人员有权对本单位安全生产工作中存在的问题提出批评、检举、控告;有权拒绝违章指挥和强令冒险作业。生产经营单位不得因从业人员对本单位安全生产工作提出批评、检举、控告或者拒绝违章指挥、强令冒险作业而降低其工资、福利等待遇或者解除与其订立的劳动合同。"

本案中，郭某的组长要求郭某等人冒险作业已经违反了安全生产的规定，郭某等人有权利拒绝组长的强令冒险作业要求，同时组长对郭某进行的处罚也是违反法律规定的。

法律条文

《中华人民共和国安全生产法》

第五十四条 从业人员有权对本单位安全生产工作中存在的问题提出批评、检举、控告；有权拒绝违章指挥和强令冒险作业。

生产经营单位不得因从业人员对本单位安全生产工作提出批评、检举、控告或者拒绝违章指挥、强令冒险作业而降低其工资、福利等待遇或者解除与其订立的劳动合同。

生产经营单位是保障企业安全生产的主要责任主体，负责人应依法杜绝违章指挥、强令冒险作业等行为。如果发生负责人违章指挥作业、强令冒险作业的情况，从业人员有权拒绝负责人的要求。

52. 生产经营单位可以区别对待被派遣劳动者吗？

案例背景

某专业制冷企业需要临时聘请一名懂得使用计算机控制装备的人员，遂与某劳务派遣公司签订协议，由劳务派遣公司派遣一名员工到该制冷企业工作。该制冷企业在本单位新员工上岗工作之前都会安排他们参加安全生产教育培训，并发放劳动防护用品，但是对该被派遣的员工许先生却未做这样的培训安排，甚至连劳动防护用品都要许先生自行购买。对此，许先生很是不解，为何在该制冷企业中被派遣人员与正式员工的待遇竟有如此大的差别？

学法有疑

被派遣的劳动者是否享有和本单位职工相同的权利和义务呢？生产经营单位是否可以区别对待被派遣的劳动者呢？

法律讲堂

劳务派遣用工制，是劳务派遣公司根据用工单位的需求，通过招聘、筛选后，将合格的员工派遣到用工单位工作的一种制度。虽然劳动者的员工档案和社会保险等均由派遣单位负责管理，但是在法律上，被派遣员工和用工单位的职工应享有同等的权利义务。《安全生产法》第61条规定：“生产经营单位使用被派遣劳动者的，被派遣劳动者享有本法规定的从业人员的权利，并应当履行本法规定的从业人员的义务。”

在本案中，某专业制冷企业区别对待被派遣员工的行为是违反法律规定的，许先生有权要求和其他的从业人员一样参加安全生产教育培训并由企业发放劳动防护用品。

法律条文

《中华人民共和国安全生产法》

第六十一条 生产经营单位使用被派遣劳动者的，被派遣劳动者享有本法规定的从业人员的权利，并应当履行本法规定的从业人员的义务。

法律规定劳动者在劳动过程中享有应有的权利，履行相应的义务。不应以被派遣的人员身份的不同为由，减损其在用工单位应享有的与正式职工同等的权利和义务。

53. 从业人员违反安全生产规章制度需要承担什么责任呢?

案例背景

陶某是某烟花爆竹制造厂的工作人员，该烟花爆竹制造厂按照国家规定制定了严格的安全生产规章制度和操作规程。每名工作人员在进厂时都要接受安全生产培训，经考核合格后方可上岗工作，在工作过程中也要严格按照操作章程作业。陶某也不例外，经过为期一周的安全生产培训，陶某成功通过了考核，在工厂里负责炮药混合操作。陶某在此岗位工作了近半年，从未发生过生产安全事故，因此放松了警惕。一日，疏忽大意的陶某没有严格执行“进厂区必先检查身上有无明火”的规定，将未完全燃尽的烟头带入了厂区，致使事故发生，虽没有造成人员伤亡，但给工厂造成30万元的直接经济损失。

学法有疑

对于陶某违反规章制度给厂里造成的损失，该烟花爆竹制造厂是否可以给予其相应的处分呢？应该按照什么规定给予处分呢？

法律讲堂

在安全生产作业过程中起决定作用的是人的因素，因此我国法律对违反安全生产规章制度或者操作规程的从业人员规定了处罚措施，以建立有效的约束机制，促使从业人员服从管理，遵章守纪，规范操作。《安全生产法》第107条规定：“生产经营单位的从业人员不落实岗位安全责任，不服从管理，违反安全生产规章制度或者操作规程的，由生产经营单位给予批评教育，依照有关规章制度给予处分；构成犯罪的，依照刑法有关规定追究刑事责任。”

本案中的烟花爆竹制造厂可以根据本厂的安全生产规章制度对陶某作出处分。

法律条文

《中华人民共和国安全生产法》

第一百零七条 生产经营单位的从业人员不落实岗位安全责任，不服从管理，违反安全生产规章制度或者操作规程的，由生产经营单位给予批评教育，依照有关规章制度给予处分；构成犯罪的，依照刑法有关规定追究刑事责任。

一句话说法

为了保证安全生产，从业人员在生产作业过程中一定要落实岗位安全责任，严格按照企业的安全生产规章制度和操作规程操作，否则将有可能受到相应的处分，构成犯罪的还会受到刑法处罚。

54. 在生产安全事故中受伤是否可以同时获得工伤保险赔偿和企业赔偿?

案例背景

冯某是某煤矿企业的工作人员，在一次生产安全事故中，包括冯某在内的12名工作人员重大伤亡。该煤矿企业虽然为每名员工都投保了工伤保险，在这次事故中也帮助受害人员得到了工伤保险的赔付，但是工伤保险的赔付并不足以弥补受伤员工的所有损失，更难以保障受伤员工今后正常的生活。经协商，受伤员工要求企业在工伤保险赔付之外再另行支付他们每人3万元作为经济赔偿。

学法有疑

包括冯先生在内的12名员工获得工伤保险赔偿后仍然要求某煤矿企业支付他们每人3万元的经济赔偿金是否合理呢?

法律讲堂

工伤保险是对劳动者在生产经营活动中遭受意外伤害或职业病，并由此造成死亡、暂时或永久丧失劳动能力时，给予劳动者及其家属法定的医疗救治以及必要的经济补偿的一种社会保障制度。企业员工在生产过程中发生生产安全事故，依照《工伤保险条例》及《劳动法》的相关规定，理应获得工伤保险的赔付。但是，企业作为安全生产责任的承担者，也应该针对生产安全事故给员工造成的损害进行必要的赔偿。《安全生产法》第56条明确规定："生产经营单位发生生产安全事故后，应当及时采取措施救治有关人员。因生产安全事故受到损害的从业人员，除依法享有工伤保险外，依照有关民事法律尚有获得赔偿的权利的，有权提出赔偿要求。"由此可知，享受工伤保险和获得单位赔偿是可以同时适用的。在本案中，冯先生和他的11名工友因为煤矿发生生产安全事故而遭受损失，在获得工伤保险赔付的同时仍然有权在合理的限度内要求企业支付赔偿金。

法律条文

《中华人民共和国安全生产法》

第五十六条 生产经营单位发生生产安全事故后，应当及时采取措施救治有关人员。

因生产安全事故受到损害的从业人员，除依法享有工伤保险外，依照有关民事法律尚有获得赔偿的权利的，有权提出赔偿要求。

一句话说法

人是第一位的。生产经营单位发生生产安全事故后，应当及时采取措施救治有关人员。在安全生产企业中，因发生安全事故而受到伤害的工作人员，在依法获得工伤保险赔付之后，如若仍不足以弥补其在事故中遭受的损失，可以向其所在单位在合理的范围内提出经济赔偿要求。

55. 从业人员发现事故隐患应该如何处理？

案例背景

蔡某是某钢铁生产企业中负责捡钢的工作人员。一次，蔡某在捡废钢的时候发现，一个炼钢炉的出风口有被脏东西堵住的迹象，但是碍于自己不是主管通风的工作人员，对这方面也不是很在行，就没有对这个细节太上心，也没有向有关人员反映这个情况。但是过了不久，这个炼钢炉就因为通风问题发生了事故，虽然没有造成伤亡，但是这个炼钢炉不能再用了。蔡某因为发现了隐患没有及时报告而被给予了警告处分。

学法有疑

是否任何职位的员工发现生产企业存在安全隐患都有报告的义务呢？

法律讲堂

事故隐患是指作业场所、设备及设施的不安全状态，人的不安全行为以及管理上的缺陷。隐患的存在是事故发生的原因，隐患发现得越及时、报告得越及时，事故发生的概率及产生的损失也就越小。《安全生产法》第59条明确规定："从业人员发现事故隐患或者其他不安全因素，应当立即向现场安全生产管理人员或者本单位负责人报告；接到报告的人员应当及时予以处理。"本条法律中规定的是从业人员，并没有限定是本职岗位上的从业者，也就是说任何人发现安全隐患都应该及时报告。

在本案中，蔡某虽然不是通风工作的主管人员，但是其发现生产单位中存在安全隐患后既没有提起注意，也没有向主管人员反映情况，致使单位未能及时采取隐患排除措施，阻止事故的发生，因此其理应承担一定责任。

法律条文

《中华人民共和国安全生产法》

第五十九条 从业人员发现事故隐患或者其他不安全因素，应当立即向现场安全生产管理人员或者本单位负责人报告；接到报告的人员应当及时予以处理。

一句话说法

为了保障企业的安全生产，任何人发现企业中存在安全隐患都有义务及时向负责人员和主管人员说明情况，知悉情况的负责人员和主管人员应当对发现的安全隐患及时查看、处理，对生产安全事故问题防患于未然。

第 5 章 生产安全事故问题

56. 生产安全事故的报告与处理要注意什么？

案例背景

某县政府为了提高本县生产单位的经济效益，减少生产事故的发生，经常会组织一些相关的讲座。每一个生产单位的主要负责人及安全生产的负责人都要按时到指定的地点听课。一天，该县某纺织厂失火，造成了3人受伤、经济损失2万元的后果，纺织厂的厂长如实对此次事故的情况作出了汇报，并且积极配合事故原因的调查工作，也安排了对本次事故的受伤人员及时进行救治。那么，生产安全事故发生后的报告及处理应当遵循怎样的原则呢？

学法有疑

生产安全事故发生后的报告及处理应当遵循怎样的原则？

法律讲堂

《生产安全事故报告和调查处理条例》第4条第2款对生产安全事故调查处理作出了原则性的规定："事故调查处理应当坚持实事求是、尊重科学的原则，及时、准确地查清事故经过、事故原因和事故损失，查明事故性质，认定事故责任，总结事故教训，提出整改措施，并对事故责任者依法追究责任。"

本案中，纺织厂的负责人的做法是正确的。事故发生后，应实事求是地向有关部门报告事故的发生情况，并且积极配合有关部门调查事故原因，分析事故责任。当然，对于事故报告及调查处理中的违法行为，任何单位和个人都有权进行监督举报。

法律条文

《生产安全事故报告和调查处理条例》

第四条 事故报告应当及时、准确、完整，任何单位和个人对事故不得迟报、漏报、谎报或者瞒报。

事故调查处理应当坚持实事求是、尊重科学的原则，及时、准确地查清事故经过、事故原因和事故损失，查明事故性质，认定事故责任，总结事故教训，提出整改措施，并对事故责任者依法追究责任。

第八条 对事故报告和调查处理中的违法行为，任何单位和个人有权向安全生产监督管理部门、监察机关或者其他有关部门举报，接到举报的部门应当依法及时处理。

生产安全事故报告与处理是两个环节，生产安全事故报告应当及时、准确、完整，任何单位和个人都应当坚持实事求是的态度，对事故不得迟报、漏报、谎报或者瞒报；事故调查处理应当及时、准确地查明事故原委，分清责任并提出整改措施，总结经验教训。生产安全事故的报告与处理同时受到群众的监督。

57. 生产安全事故发生后，应在多长时间内进行上报？

案例背景

某水泥厂因为员工操作失误，造成 1 名操作工人当场死亡，3 名工人受伤。在现场指挥的负责人紧急通知了厂里的安全生产负责人，但安全生产负责人说自己现在在开会，先将伤员送到医院进行抢救，其他的事等自己开完会再说。事故发生5个小时后，安全生产负责人才匆匆赶来，并向负有安全生产监督管理职责的部门进行了报告。此时再对生产安全事故进行报告是不是晚了呢？是不是只要在发生生产安全事故后进行了上报就可以了呢？

学法有疑

安全事故发生后多久进行上报？

法律讲堂

根据《生产安全事故报告和调查处理条例》第9条、第11条的规定，水泥厂的安全生产的负责人应当在知道厂里发生生产安全事故后1小时内向水泥厂所在地县级以上人民政府安全生产监督管理部门和负有安全生产监督管理职责的有关部门进行报告。负有安全生产监管职责的部门再逐级上报。

安全责任至关重要，涉及人员生命安全和企业财产安全，在发生事故后应当及时报告，并且安排伤员进行救治，协助有关部门调查事故原因，迟报或漏报事故的，根据《生产安全事故报告和调查处理条例》第35条的规定，相关单位主要负责人将被处以上一年年收入40%到80%的罚款，构成犯罪的依法追究刑事责任。

法律条文

《生产安全事故报告和调查处理条例》

第九条　事故发生后，事故现场有关人员应当立即向本单位负责人报告；单位负责人接到报告后，应当于1小时内向事故发生地县级以上人民政府安全生产监督管理部门和负有安全生产监督管理职责的有关部门报告。

情况紧急时，事故现场有关人员可以直接向事故发生地县级以上人民政府安全生产监督管理部门和负有安全生产监督管理职责的有关部门报告。

第十一条 安全生产监督管理部门和负有安全生产监督管理职责的有关部门逐级上报事故情况，每级上报的时间不得超过2小时。

第三十五条 事故发生单位主要负责人有下列行为之一的，处上一年年收入40%至80%的罚款；属于国家工作人员的，并依法给予处分；构成犯罪的，依法追究刑事责任：

……

（二）迟报或者漏报事故的；

……

法律对报告生产安全事故的时间是有要求的：事故现场有关人员应立即报本单位负责人；本单位负责人接到报告后，应于1小时内上报负有安全生产监管职责的部门；负有安全生产监管职责的部门应逐级上报，每级上报时间不得超过2小时。

因此，在发生事故后，每级安全生产负责人都应当在法定时间内将发生的生产安全事故进行上报，并且争取在最短的时间内上报，使事故伤害降到最低。

58. 发生生产安全事故后应当怎样进行事故报告？如在报告后又出现新的情况应该怎样处理？

这次发生了这么严重的事故，我们应该怎么报告呢？

案例背景

某化学药品生产厂因为阀门已达到使用年限，而负责人没有及时组织更换，导致有毒物品发生泄漏。此次事故造成了车间内 10 名工作人员受伤、2 名工作人员死亡。主要负责人得知消息后，立即拨打 120 组织救援，并将事故进行了上报。不过由于厂里从来没有发生过生产安全事故，所以在对事故进行上报的时候负责人只是报告了事故发生的地点、事故发生当天受伤和死亡的人数。后在医院抢救过程中，1 名伤员因为受伤严重，经抢救无效于事故发生后第二天死亡。那么，化学药品生产厂已经报告的内容符合法律要求吗？在医院死亡的工作人员的情况还需要上报吗？

学法有疑

法律对发生事故后的报告内容有什么要求？在报告完毕后又发生新情况的应该怎样处理？

法律讲堂

根据《生产安全事故报告和调查处理条例》第12条的规定：报告事故应当包括下列内容：(1) 事故发生单位概况；(2) 事故发生的时间、地点以及事故现场情况；(3) 事故的简要经过；(4) 事故已经造成或者可能造成的伤亡人数（包括下落不明的人数）和初步估计的直接经济损失；(5) 已经采取的措施；(6) 其他应当报告的情况。

本案中，某化学药品生产厂的报告内容是不全面的，负责人除报告事故发生地点、事故发生当天受伤和死亡人数外，还应当报告事故发生单位的概况，事故发生的简要经过、现场情况和已经采取的措施，如果有其他必须报告的内容也应当一并上报。此外，《生产安全事故报告和调查处理条例》第13条第2款还规定，自事故发生之日起30日内，事故造成的伤亡人数发生变化的，应当及时补报。所以本案中，对经抢救无效死亡的1名工作人员的情况也要进行补报。

法律条文

《生产安全事故报告和调查处理条例》

第十二条 报告事故应当包括下列内容：

（一）事故发生单位概况；

（二）事故发生的时间、地点以及事故现场情况；

（三）事故的简要经过；

……

第十三条 事故报告后出现新情况的，应当及时补报。

自事故发生之日起30日内，事故造成的伤亡人数发生变化的，应当及时补报。道路交通事故、火灾事故自发生之日起7日内，事故造成的伤亡人数发生变化的，应当及时补报。

一句话说法

在生产安全事故发生后，生产单位负责人应当及时将发生事故的情况进行报告。事故报告要尽可能全面，以便上级部门采取及时有效的措施。事故发生后如有新情况也要及时进行补报，以便相关部门跟进整个事故，作出相应的对策。

59. 发生事故后，事故现场有关人员可以直接向政府履行安全生产监督管理职责的部门报告吗?

案例背景

李某是某药品生产厂的一名工人，每周五晚上他都在车间值班。2020年6月，李某半夜值班时发现某种胶囊的生产线上，由于机器连续不停地工作而发热，导致生产线上所有胶囊外壳发生粘连，已经堆满了工作台，后面的流水线也不能正常工作，机器停滞。正当李某想去找到阀门关闭机器时，突然有几名工人说因为机器突然停止工作，两名工人的手受重伤。李某急忙拨打120将受伤工人送到了医院。因为给厂长打不通电话，情况比较紧急，李某就将事故直接报告给了政府负责安全生产监督管理的部门。

学法有疑

李某可以直接向负责安全生产监督管理的部门进行报告吗?

法律讲堂

在生产单位的生产发生事故后，人的生命是至上的。按照《生产安全事故报告和调查处理条例》第9条第2款的规定，情况紧急时，事故现场有关人员可以直接向事故发生地县级以上人民政府安全生产监督管理部门和负有安全生产监督管理职责的有关部门报告。

本案中，生产机器发生故障，造成两名工人受重伤，值班人员李某联系不上厂长，根据法律规定，这属于紧急情况，李某可以直接向政府负有安全生产监督管理职责的部门进行报告。同时，李某的行为及时减轻了单位的人员和财产损失，也应该因此受到厂里的表扬。

法律条文

《生产安全事故报告和调查处理条例》

第九条 事故发生后，事故现场有关人员应当立即向本单位负责人报告；单位负责人接到报告后，应当于1小时内向事故发生地县级以上人民政府安全生产监督管理部门和负有安全生产监督管理职责的有关部门报告。

情况紧急时，事故现场有关人员可以直接向事故发生地县级以上人民政府安全生产监督管理部门和负有安全生产监督管理职责的有关部门报告。

一句话说法

对于法条规定中的“情况紧急”应该作较为灵活的理解，如事故单位负责人联系不上等情形。而对于接到报告的相关安全生产监督管理部门的工作人员来说，只要接到事故现场有关人员的报告，不论是否属于情况紧急，都应当立即赶赴现场，并积极组织事故救援。

60. 为隐瞒事故发生原因，避免受到处罚，对事故现场进行破坏的行为应当怎样定性？

案例背景

某服装生产厂的员工姜某违反厂里管理规定，经常在服装加工车间的角落里抽烟，虽然几经告诫，但姜某仍然存在侥幸心理。一天，姜某躲在角落里抽烟，像往常一样抽完烟就直接将烟头扔在地上走了。不幸的是，厂里前几天刚刚将一批加工好的服装放在了角落里等待装箱。姜某没有注意，导致服装被烟头引燃，引发大火，15 人因此受伤。姜某知道可能是因为烟头导致的火灾，就找到了作为安全生产负责人的亲戚王某，两人趁着晚上伪造并破坏了事故现场。

学法有疑

姜某和王某破坏事故现场的行为应当怎样定性呢?

法律讲堂

事故现场是追究责任、总结教训的依据，应当妥善保护，不得破坏、伪造。根据《生产安全事故报告和调查处理条例》第16条的规定，事故发生后，有关单位和人员应当妥善保护事故现场以及相关证据，任何单位和个人不得破坏事故现场、毁灭相关证据。因抢救人员、防止事故扩大以及疏通交通等原因，需要移动事故现场物件的，应当做出标志，绘制现场简图并做出书面记录，妥善保存现场重要痕迹、物证。同时，根据该条例第36条的规定，事故发生单位及其有关人员存在伪造或者故意破坏事故现场等行为的，对事故发生单位处100万元以上500万元以下的罚款；对主要负责人、直接负责的主管人员和其他直接责任人员处上一年年收入60%至100%的罚款；属于国家工作人员的，并依法给予处分；构成违反治安管理行为的，由公安机关依法给予治安管理处罚；构成犯罪的，依法追究刑事责任。

本案中，引发此次事故的姜某和安全生产负责人王某不仅没有及时报告事故，反而选择了伪造破坏事故现场，试图隐瞒姜某的过错。这种行为按照法律规定如果构成犯罪，应当依法追究刑事责任。

法律条文

《生产安全事故报告和调查处理条例》

第十六条 事故发生后，有关单位和人员应当妥善保护事故现场以及相关证据，任何单位和个人不得破坏事故现场、毁灭相关证据。

因抢救人员、防止事故扩大以及疏通交通等原因，需要移动事故现场物件的，应当做出标志，绘制现场简图并做出书面记录，妥善保存现场重要痕迹、物证。

第三十六条 事故发生单位及其有关人员有下列行为之一的，对事故发生单位处100万元以上500万元以下的罚款；对主要负责人、直接负责的主管人员和其他直接责任人员处上一年年收入60%至100%的罚款；属于国家工作人员的，并依法给予处分；构成违反治安管理行为的，由公安机关依法给予治安管理处罚；构成犯罪的，依法追究刑事责任：

……

（二）伪造或者故意破坏事故现场的；

……

在生产安全事故发生后，保护现场是每一个人的责任，破坏事故现场将受到相应的处罚。安全生产的负责人也应当恪尽职守，积极履行自己的职责，不隐瞒，如实报，使事故问题得到及时解决。

61. 生产安全事故发生后应上报给哪个部门?

案例背景

某制造厂在制造大型机械时发生事故,导致一名工作人员受伤。车间负责人得知消息后,立即组织了救援,将伤者送往医院进行救治。而后,车间负责人又将此次事故对厂长作了报告。作为制造厂的主要负责人,厂长除了应该解决伤者的赔偿问题以及车间的安全检查问题,是否还应该向负有安全生产监督管理职责的部门报告呢?

学法有疑

制造厂厂长是否应将事故报告给负有安全生产监督管理职责的部门?该部门需要将情况报告给哪里呢?

法律讲堂

依照《生产安全事故报告和调查处理条例》第10条的规定,安全生产监督管理部门和负有安全生产监督管理职责的有关部门接到事故报告后,应当依照下列规定上报事故情况,并通知公安机关、劳动保障行政部门、工会和人民检察院:(1)特别重大事故、重大事故逐级上报至国务院安全生产监督管理部门和负有安全生产监督管理职责的有关部门;(2)较大事故逐级上报至省、自治区、直辖市人民政府安全生产监督管理部门和负有安全生产监督管理职责的有关部门;(3)一般事故上报至设区的市级人民政府安全生产监督管理部门和负有安全生产监督管理职责的有关部门。安全生产监督管理部门和负有安全生产监督管理职责的有关部门依照前款规定上报事故情况,应当同时报告本级人民政府。国务院安全生产监督管理部门和负有安全生产监督管理职责的有关部门以及省级人民政府接到发生特别重大事故、重大事故的报告后,应当立即报告国务院。必要时,安全生产监督管理部门和负有安全生产监督管理职责的有关部门可以越级上报事故情况。

本案中，事故造成了一人受伤，按照等级属于一般生产安全事故。车间负责人在收到通知后首先上报了厂长，厂长应该报告给安全生产监督管理部门。安全生产监督管理部门和负有安全生产监督管理职责的有关部门接到事故报告后应当上报至市安全生产监督管理部门和负有安全生产监督管理职责的有关部门，并通知公安机关、劳动保障行政部门、工会和人民检察院。

法律条文

《生产安全事故报告和调查处理条例》

第十条 安全生产监督管理部门和负有安全生产监督管理职责的有关部门接到事故报告后，应当依照下列规定上报事故情况，并通知公安机关、劳动保障行政部门、工会和人民检察院：

（一）特别重大事故、重大事故逐级上报至国务院安全生产监督管理部门和负有安全生产监督管理职责的有关部门；

……

第三十五条 事故发生单位主要负责人有下列行为之一的，处上一年年收入40%至80%的罚款；属于国家工作人员的，并依法给予处分；构成犯罪的，依法追究刑事责任：

……

（二）迟报或者漏报事故的；

……

第三十六条 事故发生单位及其有关人员有下列行为之一的，对事故发生单位处100万元以上500万元以下的罚款；对主要负责人、直接负责的主管人员和其他直接责任人员处上一年年收入60%至100%的罚款；属于国家工作人员的，并依法给予处分；构成违反治安管理行为的，由公安机关依法给予治安管理处罚；构成犯罪的，依法追究刑事责任：

（一）谎报或者瞒报事故的；

……

一句话说法

生产单位在发生生产安全事故后应该按照要求逐级如实上报，如果在上报过程中有迟报、漏报、谎报、瞒报的行为，事故单位及其有关人员将依法受到追究。

62. 生产单位拒绝事故调查组对事故进行调查时怎么办？

案例背景

某矿厂在开矿时没有为井下作业的工作人员提供适合井下作业的安全服装，因此造成了一起生产安全事故。一名工人进行井下作业时，因为衣服不断摩擦产生静电，导致矿井发生爆炸，矿井小面积坍塌，这次事故也造成了一名工人死亡、两名工人受伤。矿厂的负责人害怕担责，没有向履行安全生产监督管理职责的部门进行报告。有一些工人担心自己的安全，举报了矿厂。市政府在接到举报后立即组成了事故调查小组。但当事故调查小组赶往矿厂对事故进行调查时，矿厂却大门紧闭，主要负责人声称没发生事故，拒绝事故调查小组开展调查。

学法有疑

生产单位在发生事故后拒绝事故调查小组开展调查工作的怎么办?

法律讲堂

根据《生产安全事故报告和调查处理条例》第26条第1款和第2款的规定，事故调查组有权向有关单位和个人了解与事故有关的情况，并要求其提供相关文件、资料，有关单位和个人不得拒绝。事故发生单位的负责人和有关人员在事故调查期间不得擅离职守，并应当随时接受事故调查组的询问，如实提供有关情况。所以，有关单位和个人应当积极配合事故调查组的工作，将自己了解的情况如实汇报，这样有利于顺利开展事故调查工作。

本案中，矿厂的负责人在发生事故后拒绝调查小组到现场进行调查取证，这种做法明显违反了法律的规定，应当依法承担责任。

法律条文

《生产安全事故报告和调查处理条例》

第二十六条第一款 事故调查组有权向有关单位和个人了解与事故有关的情况，并要求其提供相关文件、资料，有关单位和个人不得拒绝。

第二款 事故发生单位的负责人和有关人员在事故调查期间不得擅离职守，并应当随时接受事故调查组的询问，如实提供有关情况。

在生产安全事故调查期间，事故发生单位和个人必须按照调查组的要求提供事故相关信息，且应当随时接受调查组的询问，如实提供有关情况，这是事故发生单位有关人员的法定义务，其不得拒绝，否则应承担相应的法律责任。

63. 事故调查报告的提交有限期吗？都包含哪些内容？

案例背景

某硫酸厂因为生产硫酸的大罐发生爆炸，造成车间的 8 名工人死亡、20 名工人受伤。硫酸厂的厂长担心会因此承担重大责任，因此在向有关部门报告此次事故时，隐瞒了事故的发生情况。只报告说 1 名工人死亡、5 名工人受伤。有关部门接到报告后及时组成事故调查小组，对此次事故进行了调查。由于硫酸厂的隐瞒，事故调查小组在事故发生后两个半月才调查出事故的原因及真相，并提交了调查报告。那么，事故调查报告的提交有时间限制吗？

学法有疑

事故调查报告的提交有时间限制吗？报告都应该包含什么内容？

法律讲堂

根据《生产安全事故报告和调查处理条例》第 29 条的规定，事故调查组应当自事故发生之日起 60 日内提交事故调查报告；特殊情况下，经负责事故调查的人民政府批准，提交事故调查报告的期限可以适当延长，但延长的期限最长不超过 60 日。所以本案中，事故调查小组虽然由于种种原因延迟了提交报告的时间，但是仍然在法律规定的时间范围内。

根据《生产安全事故报告和调查处理条例》第 30 条的规定，事故调查报告应当包括下列内容：（1）事故发生单位概况；（2）事故发生经过和事故救援情况；（3）事故造成的人员伤亡和直接经济损失；（4）事故发生的原因和事故性质；（5）事故责任的认定以及对事故责任者的处理建议；（6）事故防范和整改措施。事故调查报告应当附具有关证据材料。事故调查组成员应当在事故调查报告上签名。本案中，事故调查小组应当在对本次事故调查清楚无误后，提交包括上述内容的调查报告。

法律条文

《生产安全事故报告和调查处理条例》

第二十九条 事故调查组应当自事故发生之日起60日内提交事故调查报告；特殊情况下，经负责事故调查的人民政府批准，提交事故调查报告的期限可以适当延长，但延长的期限最长不超过60日。

第三十条 事故调查报告应当包括下列内容：

（一）事故发生单位概况；

（二）事故发生经过和事故救援情况；

（三）事故造成的人员伤亡和直接经济损失；

（四）事故发生的原因和事故性质；

（五）事故责任的认定以及对事故责任者的处理建议；

（六）事故防范和整改措施。

事故调查报告应当附具有关证据材料。事故调查组成员应当在事故调查报告上签名。

事故调查报告提交是有限期的，事故报告也必须按照法律规定的内容进行记录。法律既规定了提交报告的时间，也规定了遇有特殊情况时可以延期提交报告，但无论遇到什么情况，事故调查组必须在120日之内提交事故调查报告。

64. 在什么情况下应当制定专项应急预案?

案例背景

某硫酸厂的厂长认真研读了《生产安全事故应急预案管理办法》后，觉得安全生产问题至关重要，于是想要加强本单位工人的生产安全事故防范技能，减少事故的发生次数，减轻造成的严重后果。厂长向负责生产安全事项的李某说了此事，想让李某结合本单位存在的安全隐患制定一项专项应急预案。李某称，因为厂里很有可能发生的事故是硫酸喷溅，所以应当制定硫酸泄漏的专项应急预案。

学法有疑

案例中硫酸厂编制专项应急预案的做法正确吗?

法律讲堂

《生产安全事故应急预案管理办法》第 14 条明确规定：“对于某一种或者多种类型的事故风险，生产经营单位可以编制相应的专项应急预案，或将专项应急预案并入综合应急预案。专项应急预案应当规定应急指挥机构与职责、处置程序和措施等内容。”因此，本案中，李某提出的制定硫酸泄漏专项应急预案的建议是正确的，这种做法也是值得提倡和表扬的。当然，如果有其他危险，那么还应当制定相应的专项应急预案。

法律条文

《生产安全事故应急预案管理办法》

第十四条 对于某一种或者多种类型的事故风险，生产经营单位可以编制相应的专项应急预案，或将专项应急预案并入综合应急预案。

专项应急预案应当规定应急指挥机构与职责、处置程序和措施等内容。

一句话说法

专项应急预案既是针对某一种类的危险而制定的应急计划方案，也是生产单位综合应急预案的组成部分。专项应急预案应当规定明确的救援程序和具体的应急救援措施，也应当包括可能发生的事故情况的简介。

65. 应急物资及装备需要定期检测和维护吗?

案例背景

某电梯生产公司的安全负责人贾某在一次例行检查中，发现有一个车间的消防器材需要维护。虽说这个车间不是主要的生产车间，平时只做一些辅助工作，但是由于紧邻主要生产车间，因此一旦发生生产安全事故，也存在极大的安全隐患。贾某将此情况向老板进行了反映，老板告诉贾某，公司近年来没有发生过火灾，而且这些东西占地方，也没多大用处，所以能省则省，能将就就将就。

学法有疑

这些消防器材需要定期维护吗？是不是没有发生过火灾就可以不用维护了呢？

法律讲堂

应急物资及装备需要生产单位定期进行维护。《生产安全事故应急预案管理办法》第 38 条规定：“生产经营单位应当按照应急预案的规定，落实应急指挥体系、应急救援队伍、应急物资及装备，建立应急物资、装备配备及其使用档案，并对应急物资、装备进行定期检测和维护，使其处于适用状态。”

本案中，消防器材作为应急物资不是为了一定能够用上，而是为了未雨绸缪，为了在事故发生时员工能够及时进行自救。应急物资是突发事件应急处置过程中必需的保障性物资，如果不定期维护保证其功能，其在突发事件中就无法起到应急作用，应急预案也就失去了效力。所以电梯生产厂应该对消防器材进行维护，确保其处于适用状态。

法律条文

《生产安全事故应急预案管理办法》

第三十八条 生产经营单位应当按照应急预案的规定，落实应急指挥体系、应急救援队伍、应急物资及装备，建立应急物资、装备配备及其使用档案，并对应急物资、装备进行定期检测和维护，使其处于适用状态。

对于生产单位来说，应急物资的支出可能是一笔不小的费用。但是购买应急物资并定期进行检测和维护是为了在事故发生时，单位或者个人能够进行自救，减少因发生事故造成的损失，减少人员的伤亡。

66. 事故发生后，事故单位如何确定？事故单位的主要负责人又是谁？

案例背景

某县有一家大型的农药生产厂，该生产厂共设有3个大的化验室，每个化验室有12名成员。2020年7月，厂里急着走货，所以厂长让化验员加班加点进行化验。化验仪器因超负荷工作发生爆炸，造成其中一个化验室的3名化验员死亡、5人受伤。该化验室的化验班长邓某紧急报警，并拨打了120对伤员进行抢救。后事故调查小组对此次事故进行了调查并对事故单位及负责人给予了相关处罚。此次事故的事故单位如何确定？主要负责人又是谁？

学法有疑

案例中的事故单位是指哪个单位呢？主要负责人又是谁？

法律讲堂

根据《生产安全事故罚款处罚规定（试行）》第3条的规定：“本规定所称事故发生单位是指对事故发生负有责任的生产经营单位。本规定所称主要负责人是指有限责任公司、股份有限公司的董事长或者总经理或者个人经营的投资人，其他生产经营单位的厂长、经理、局长、矿长（含实际控制人）等人员。”

本案中，因为厂长没有考虑到化验仪器的安全性问题，让工人们加班加点进行化验，导致机器爆炸，造成事故，所以事故单位应当是农药生产厂。而事故单位的主要负责人应当是厂长或者总经理，他们应当对此次事故负责。

法律条文

《生产安全事故罚款处罚规定（试行）》

第三条 本规定所称事故发生单位是指对事故发生负有责任的生产经营单位。

本规定所称主要负责人是指有限责任公司、股份有限公司的董事长或者总经理或者个人经营的投资人，其他生产经营单位的厂长、经理、局长、矿长（含实际控制人）等人员。

一句话说法

事故单位是指对事故发生负有责任的生产经营单位，而事故单位的主要负责人是指该生产经营单位的董事长、总经理、厂长、矿长等人员。在事故发生后，主要负责人应当积极配合有关部门进行事故调查，及时提供有关资料。

67. 事故单位对发生事故后有关部门的处罚不服的怎么办?

案例背景

某装修单位在一次高空作业中，由于高空作业的阶梯生锈，没能承受住盛放的钢板的压力，直接掉下，将下面作业的两名工人砸伤。负责人及时报警，并将两名工人送往医院进行抢救。随后又将此次事故报告给履行安全生产监督管理职责的部门。该部门及其他有关单位组成了事故调查小组对事故进行了调查，最终决定对该装修单位罚款80万元。装修单位的总经理接到罚款通知书后觉得处罚太重，这时，他应该怎么办呢?

学法有疑

对有关部门的处罚不服时有哪些救济途径呢?

法律讲堂

根据《生产安全事故罚款处罚规定（试行)》第10条的规定："事故发生单位及其有关责任人员对安全生产监督管理部门和煤矿安全监察机构给予的行政处罚，享有陈述、申辩的权利；对行政处罚不服的，有权依法申请行政复议或者提起行政诉讼。"

本案中，装修单位的总经理对有关部门对本单位安全事故的处罚不服，其既可以进行陈述和申辩，也可以在接到罚款通知书后申请行政复议，或者向人民法院提起行政诉讼，以此确保维护本单位的合法权益。

法律条文

《生产安全事故罚款处罚规定（试行）》

第十条 事故发生单位及其有关责任人员对安全生产监督管理部门和煤矿安全监察机构给予的行政处罚，享有陈述、申辩的权利；对行政处罚不服的，有权依法申请行政复议或者提起行政诉讼。

一句话说法

因为应急管理局等安全生产监督管理部门对事故单位的处罚属于行政机关的具体行政行为，所以事故发生单位如果对有关部门的处罚不服，依法享有陈述和申辩的权利，既可以向安全生产监督管理部门的上级机关或者同级政府提起行政复议，也可以向人民法院提起行政诉讼。

68. 生产企业主要负责人漏报事故会受到怎样的处罚?

案例背景

某矿厂发生坍塌事故，造成5名矿工当场死亡、11名矿工受伤被送往医院进行抢救。矿厂的主要负责人担心此次事故造成的人员伤亡较重，会给企业造成严重的损失，可能自己也要承担刑事责任，于是在向安全生产监督管理部门进行报告时，只说明了事故发生单位和事故发生情况，对于伤亡情况，主要负责人只报告有5名工人受伤，1人死亡。对于矿厂负责人这种漏报事故的行为，其将受到怎样的处罚?

学法有疑

发生生产安全事故后，生产企业负责人漏报的，会受到怎样的处罚?

法律讲堂

生产经营单位发生生产安全事故后，单位负责人应当依据《安全生产法》第83条第2款的规定："单位负责人接到事故报告后，应当迅速采取有效措施，组织抢救，防止事故扩大，减少人员伤亡和财产损失，并按照国家有关规定立即如实报告当地负有安全生产监督管理职责的部门，不得隐瞒不报、谎报或者迟报，不得故意破坏事故现场、毁灭有关证据。"对于负责人漏报、谎报的，应当按照《生产安全事故报告和调查处理条例》第35条之规定，对事故发生单位主要负责人处上一年年收入40%至80%的罚款，属于国家工作人员的，并依法给予处分；构成犯罪的，依法追究刑事责任。

本案中，矿厂的主要负责人由于担心受到处罚而漏报事故，但事故调查小组会对事故进行全面调查，一旦发现其故意漏报，则会按照上述规定对其进行处罚。

法律条文

《中华人民共和国安全生产法》

第八十三条 生产经营单位发生生产安全事故后，事故现场有关人员应当立即报告本单位负责人。

单位负责人接到事故报告后，应当迅速采取有效措施，组织抢救，防止事故扩大，减少人员伤亡和财产损失，并按照国家有关规定立即如实报告当地负有安全生产监督管理职责的部门，不得隐瞒不报、谎报或者迟报，不得故意破坏事故现场、毁灭有关证据。

《生产安全事故报告和调查处理条例》

第九条第一款 事故发生后，事故现场有关人员应当立即向本单位负责人报告；单位负责人接到报告后，应当于1小时内向事故发生地县级以上人民政府安全生产监督管理部门和负有安全生产监督管理职责的有关部门报告。

第十一条 安全生产监督管理部门和负有安全生产监督管理职责的有关部门逐级上报事故情况，每级上报的时间不得超过2小时。

第三十五条 事故发生单位主要负责人有下列行为之一的，处上一年年收入40%至80%的罚款；属于国家工作人员的，并依法给予处分；构成犯罪的，依法追究刑事责任：

……

（二）迟报或者漏报事故的；

……

事故单位负责人在事故发生后应当如实向当地负有安全生产监督管理职责的部门报告，上报时间不得超过1小时。对于报告过程中的谎报、迟报、漏报的行为，有关部门在调查后会给予责任人相应的处罚。

69. 在事故调查中销毁证据的行为应当怎样定性?

案例背景

某空调加工企业的车间发生火灾，不过该事故没有造成人员伤亡，财产损失也不大。管理车间的经理在报警后由于害怕调查组发现自己安全管理失职而要承担责任，就在车间内部擅自将与事故相关的证据进行了销毁，之后才报告了履行安全生产监督管理职责的部门。该部门联合其他部门组成了事故调查小组对事故进行分析调查，在车间的监控录像中看到了经理销毁证据的一幕。那么，该车间经理销毁证据的行为会受到怎样的处罚呢?

学法有疑

对于本案中车间经理擅自销毁证据的行为应该怎样定性呢?

法律讲堂

本案中，车间经理的行为触犯了《生产安全事故报告和调查处理条例》，应当依法追究其责任。根据《生产安全事故报告和调查处理条例》第36条的规定，事故发生单位及其有关人员有转移、隐匿资金、财产，或者销毁有关证据、资料的行为的，对事故发生单位处100万元以上500万元以下的罚款；对主要负责人、直接负责的主管人员和其他直接责任人员处上一年年收入60%至100%的罚款；属于国家工作人员的，并依法给予处分；构成违反治安管理行为的，由公安机关依法给予治安管理处罚；构成犯罪的，依法追究刑事责任。

本案中，对于车间经理为了逃避责任而擅自销毁证据的行为应该按照法律规定予以罚款处罚等。

法律条文

《生产安全事故报告和调查处理条例》

第十六条 事故发生后，有关单位和人员应当妥善保护事故现场以及相关证据，任何单位和个人不得破坏事故现场、毁灭相关证据。

因抢救人员、防止事故扩大以及疏通交通等原因，需要移动事故现场物件的，应当做出标志，绘制现场简图并做出书面记录，妥善保存现场重要痕迹、物证。

第三十六条 事故发生单位及其有关人员有下列行为之一的，对事故发生单位处100万元以上500万元以下的罚款；对主要负责人、直接负责的主管人员和其他直接责任人员处上一年年收入60%至100%的罚款；属于国家工作人员的，并依法给予处分；构成违反治安管理行为的，由公安机关依法给予治安管理处罚；构成犯罪的，依法追究刑事责任：

……

（三）转移、隐匿资金、财产，或者销毁有关证据、资料的；

……

事故单位发生生产安全事故后，相关单位和人员应当妥善保护现场，积极配合事故调查小组对事故进行调查，及早发现事故原因，从而制定相应对策，避免在以后的生产中再次发生此类事故。破坏事故现场、销毁相关证据，不但不利于企业的生产安全，也可能会使自身受到法律的制裁。

70. 迟报、漏报、谎报和瞒报生产安全事故的行为应该怎样定性？

案例背景

杨某是某石灰厂的主要负责人。一次，石灰搅拌机在搅拌石灰的过程中发生故障，导致两名正在工作的工人的手被搅进搅拌机，发生事故。杨某得知后，赶紧拨打120将工人送到了医院进行抢救，随后又报告了履行安全生产监督管理职责的部门。杨某刚刚上任两个月就发生了这起事故，他担心自己会受到处罚，因此在报告的时候只说有一名工人受轻伤，被送往医院了。那么，对于杨某的这种行为应该怎样定性呢？

学法有疑

杨某的行为属于谎报、漏报吗？

法律讲堂

根据《生产安全事故罚款处罚规定（试行）》第5条第3项的规定，故意不如实报告事故发生的时间、地点、初步原因、性质、伤亡人数和涉险人数、直接经济损失等有关内容的，属于谎报。

本案中，杨某因为自己刚来企业两个月，害怕受到处罚而对事故涉险人数进行了虚假的报告，这种行为属于谎报。

对于迟报、漏报、瞒报的情形，在《生产安全事故罚款处罚规定（试行）》第5条中也有所规定：报告事故的时间超过规定时限的，属于迟报；因过失对应当上报的事故或者事故发生的时间、地点、类别、伤亡人数、直接经济损失等内容遗漏未报的，属于漏报；隐瞒已经发生的事故，超过规定时限未向安全监管监察部门和有关部门报告，经查证属实的，属于瞒报。所以，事故单位在事故发生后，应当如实向安全生产监督管理机关报告事故情况，以便有关机关及时采取有效的措施减少损失，建立健全相关的安全措施，预防安全事故的发生。

法律条文

《生产安全事故罚款处罚规定（试行）》

第五条 《条例》所称的迟报、漏报、谎报和瞒报，依照下列情形认定：

（一）报告事故的时间超过规定时限的，属于迟报；

（二）因过失对应当上报的事故或者事故发生的时间、地点、类别、伤亡人数、直接经济损失等内容遗漏未报的，属于漏报；

（三）故意不如实报告事故发生的时间、地点、初步原因、性质、伤亡人数和涉险人数、直接经济损失等有关内容的，属于谎报；

（四）隐瞒已经发生的事故，超过规定时限未向安全监管监察部门和有关部门报告，经查证属实的，属于瞒报。

生产单位在发生生产安全事故后，应当及时、如实地向履行安全生产监督管理职责的部门报告，不得迟报、漏报、谎报、瞒报，避免因对事故具体情况报告不准确、不彻底，给事故调查小组的调查造成阻碍，影响生产安全事故的处理和防范。

71. 事故发生后，主要负责人拒绝接受调查的会受到怎样的处罚？

案例背景

某化工厂发生气体泄漏，造成3人受伤。市政府联合有关部门组成事故调查小组对此次事故进行了调查。由于要对事故原因等情况进行分析，所以事故调查小组找到单位负责人要求其进行配合。但单位负责人害怕承担责任、受到处罚，所以拒绝接受调查，一直在亲戚家东躲西藏，不配合，对事故调查进度造成了严重的影响。是不是单位负责人拒绝调查就不会受到处罚？

学法有疑

发生生产安全事故后，是不是单位负责人只要不配合调查就不会受到相应的处罚了呢？

法律讲堂

根据《生产安全事故报告和调查处理条例》第26条的规定，事故调查组有权向有关单位和个人了解情况，要求提供资料，有关单位和个人不得拒绝。案例中的车间负责人不接受调查组的调查，也不提供有关资料，违反了上述条例的规定。依据《生产安全事故报告和调查处理条例》第36条的规定可知，事故发生单位及其有关人员有拒绝接受调查或者拒绝提供有关情况和资料的行为的，对事故发生单位处100万元以上500万元以下的罚款；对主要负责人、直接负责的主管人员和其他直接责任人员处上一年年收入60%至100%的罚款；属于国家工作人员的，并依法给予处分；构成违反治安管理行为的，由公安机关依法给予治安管理处罚；构成犯罪的，依法追究刑事责任。

本案中，化工厂发生了生产安全事故，并且构成了一般事故，所以在事故调查小组进行调查的时候单位负责人应该积极配合调查，及时提供调查所需的资料，而不是躲起来，这不仅不会免除自己事故发生的责任，而且还会因不配合调查触犯另外的法律法规，接受相应的处罚。

法律条文

《生产安全事故报告和调查处理条例》

第二十六条 事故调查组有权向有关单位和个人了解与事故有关的情况，并要求其提供相关文件、资料，有关单位和个人不得拒绝。

事故发生单位的负责人和有关人员在事故调查期间不得擅离职守，并应当随时接受事故调查组的询问，如实提供有关情况。

事故调查中发现涉嫌犯罪的，事故调查组应当及时将有关材料或者其复印件移交司法机关处理。

第三十六条 事故发生单位及其有关人员有下列行为之一的，对事故发生单位处100万元以上500万元以下的罚款；对主要负责人、直接负责的主管人员和其他直接责任人员处上一年年收入60%至100%的罚款；属于国家工作人员的，并依法给予处分；构成违反治安管理行为的，由公安机关依法给予治安管理处罚；构成犯罪的，依法追究刑事责任：

……

（四）拒绝接受调查或者拒绝提供有关情况和资料的；

……

生产单位在事故发生后，相关负责人要积极配合事故调查小组对事故进行调查，积极应对事故的发生，认识到事故发生后自己作为负责人应当承担的责任，不得擅离职守，而应随时接受事故调查小组的询问，提供相应的情况和资料。

72. 在事故调查中为减轻责任要求员工作伪证的应当承担什么法律后果?

案例背景

杜某2019年大学毕业后，让舅舅华某为自己安排了一份工作。华某在郊区开造纸厂，就让杜某当了车间主任。杜某觉得自己刚来就当了车间主任，自己的舅舅又是厂长，就经常不在岗位，不谋其政。2021年6月的一天，杜某在上班时玩游戏，突然听到工人汇报说车间起了大火，让他快去看看。杜某一听是在自己值班的时候出了事，担心在舅舅那里受到责骂，更害怕因此承担法律责任，就在组织了救援之后让员工在接受事故调查组的成员谈话时给自己作伪证。

学法有疑

要求员工作伪证将会承担怎样的法律责任呢?

法律讲堂

作伪证的行为在民事诉讼法中也有规定，这足以说明作伪证的行为非常恶劣。根据《生产安全事故报告和调查处理条例》第36条的规定，事故发生单位及其有关人员在事故调查中作伪证或者指使他人作伪证的，对事故发生单位处100万元以上500万元以下的罚款；对主要负责人、直接负责的主管人员和其他直接责任人员处上一年年收入60%至100%的罚款；属于国家工作人员的，并依法给予处分；构成违反治安管理行为的，由公安机关依法给予治安管理处罚；构成犯罪的，依法追究刑事责任。

本案中，杜某为了不被舅舅责骂，逃避承担法律责任，指使员工作伪证的行为应当被处以相应罚款，构成犯罪的，依法应被追究刑事责任。同时，对该造纸厂应并处罚款。

法律条文

《生产安全事故报告和调查处理条例》

第三十六条 事故发生单位及其有关人员有下列行为之一的，对事故发生单位处 100 万元以上 500 万元以下的罚款；对主要负责人、直接负责的主管人员和其他直接责任人员处上一年年收入 60% 至 100% 的罚款；属于国家工作人员的，并依法给予处分；构成违反治安管理行为的，由公安机关依法给予治安管理处罚；构成犯罪的，依法追究刑事责任：

……

（五）在事故调查中作伪证或者指使他人作伪证的；

……

第三十九条 有关地方人民政府、安全生产监督管理部门和负有安全生产监督管理职责的有关部门有下列行为之一的，对直接负责的主管人员和其他直接责任人员依法给予处分；构成犯罪的，依法追究刑事责任：

……

（四）在事故调查中作伪证或者指使他人作伪证的。

一句话说法

生产单位发生生产安全事故后，事故调查组有权向相关人员了解情况，被调查人员应当如实回答，提供真实、准确的证言。如果有人在事故调查中作伪证，将根据法律规定承担相应的法律责任。

73. 生产安全事故发生后，相关责任人逃匿的怎么办？

案例背景

某矿厂于2021年5月17日发生爆炸事故。事故造成了30人死亡、50人受伤。矿厂的负责人看到死伤人数很多，在爆炸后立即收拾行李逃走。一名受伤的工人在事故发生后拨打了120，并通知了政府部门。政府部门接到通知后立即组成事故调查小组，赶赴现场进行救援和调查。相关责任人员也在事故发生后的3天内被警方抓捕归案。如上所述，在生产安全事故发生后，相关责任人逃匿的应当受到怎样的处罚？

学法有疑

生产安全事故发生后，相关责任人逃匿的会受到怎样的处罚？

法律讲堂

根据《生产安全事故报告和调查处理条例》第36条的规定可知，事故发生单位及其有关人员在事故发生后逃匿的，对事故发生单位处100万元以上500万元以下的罚款；对主要负责人、直接负责的主管人员和其他直接责任人员处上一年年收入60%至100%的罚款；属于国家工作人员的，并依法给予处分；构成违反治安管理行为的，由公安机关依法给予治安管理处罚；构成犯罪的，依法追究刑事责任。本案中，矿厂发生了大型的爆炸事故，造成数十人死伤，相关责任人不仅没有及时报警并安排救援，反而立即收拾东西逃跑，这种逃匿的行为已然构成犯罪，应当依法追究其刑事责任。

法律条文

《生产安全事故报告和调查处理条例》

第十七条 事故发生地公安机关根据事故的情况，对涉嫌犯罪的，应当依法立案侦查，采取强制措施和侦查措施。犯罪嫌疑人逃匿的，公安机关应当迅速追捕归案。

第三十六条 事故发生单位及其有关人员有下列行为之一的，对事故发生单位处 100 万元以上 500 万元以下的罚款；对主要负责人、直接负责的主管人员和其他直接责任人员处上一年年收入 60% 至 100% 的罚款；属于国家工作人员的，并依法给予处分；构成违反治安管理行为的，由公安机关依法给予治安管理处罚；构成犯罪的，依法追究刑事责任：

……

（六）事故发生后逃匿的。

法网恢恢，疏而不漏。生产单位发生生产安全事故后，相关人员应当主动承担责任，这样才能尽可能地避免或减轻责任的承担。事故发生后相关责任人不仅不及时救援，反而因害怕受到制裁而逃匿的，必将受到法律的严惩。

74. 生产安全事故抢救过程中，任何人都有义务配合吗？

案例背景

某服装厂由于机器老化，在进行服装加工的过程中出现机器故障，发生火灾。服装厂负责人立即拨打了120急救电话及119消防电话。服装厂里都是一些易燃物品，火势凶猛，加上服装厂设立在了大厦的5楼，所以救援过程非常困难。有的员工家属来到现场要跟随消防员进去救自己的家人，有关部门对此举进行了劝阻。在大厦外面停放车辆的车主都自觉地将自己的车开到其他停车场，以便为消防救援人员提供通道。那么，在进行事故抢救的过程中，任何人都有义务配合应急救援工作吗？

学法有疑

对工人家属的做法和车主的做法你怎么看？他们有义务配合救援工作吗？

法律讲堂

现实生活中，发生生产安全事故后，往往需要多方配合进行事故抢救，根据《安全生产法》第85条的规定，发生安全事故后，应由有关地方人民政府和负有安全生产监督管理职责的部门的负责人组织事故抢救。参与事故抢救的部门和单位应当服从统一指挥，加强协同联动，任何单位和个人都应当支持、配合事故抢救，并提供一切便利条件。

本案中，在生产安全事故发生后，一些员工家属想要进入火场参与救援的行为会给救援人员造成一定的妨碍。虽然家属的心情可以理解，但是为了给消防及急救人员提供更多的时间，家属应当积极配合，在火场外的安全地带等待。而对车主的做法应予以提倡，因为车主主动将车开走，为消防车和120急救车前去施救提供了便利条件。

法律条文

《中华人民共和国安全生产法》

第八十五条 有关地方人民政府和负有安全生产监督管理职责的部门的负责人接到生产安全事故报告后，应当按照生产安全事故应急救援预案的要求立即赶到事故现场，组织事故抢救。

参与事故抢救的部门和单位应当服从统一指挥，加强协同联动，采取有效的应急救援措施，并根据事故救援的需要采取警戒、疏散等措施，防止事故扩大和次生灾害的发生，减少人员伤亡和财产损失。

事故抢救过程中应当采取必要措施，避免或者减少对环境造成的危害。

任何单位和个人都应当支持、配合事故抢救，并提供一切便利条件。

支持配合生产安全事故抢救，是法律规定给每个人的一项义务，任何单位和个人都应当予以配合，使参加救援的人员能够及时出具解决方案，实施救援措施，顺利展开救援工作，保障救援工作的顺利进行。

75. 生产单位都应该设立应急救援组织吗?

案例背景

某建筑单位经过招投标成为某楼盘的建设单位，打算在今年年初正式开始投入建设。不过，在进行建设之前，建筑单位法务部门的工作人员告诉单位负责人，应当建立一个应急救援组织，这是法律直接规定的，也是为了单位的效益和人员的安全着想。该建设单位的主要负责人为了节省这笔开支，就没有听从法务部门的建议。那么，这家建筑单位应当设立应急救援组织吗?

学法有疑

什么样的单位需要设立应急救援组织呢?

法律讲堂

国家鼓励重点行业领域建立相应的应急救援组织，配备应急救援物资和人员。对此，《安全生产法》第82条明确规定："危险物品的生产、经营、储存单位以及矿山、金属冶炼、城市轨道交通运营、建筑施工单位应当建立应急救援组织；生产经营规模较小的，可以不建立应急救援组织，但应当指定兼职的应急救援人员。危险物品的生产、经营、储存、运输单位以及矿山、金属冶炼、城市轨道交通运营、建筑施工单位应当配备必要的应急救援器材、设备和物资，并进行经常性维护、保养，保证正常运转。"

案例中，某建筑单位属于应当设立救援组织的类型，所以依照法律规定应当设立应急救援组织，建筑单位的主要负责人不听取法务部门建议的做法是错误的。

法律条文

《中华人民共和国安全生产法》

第七十九条第一款 国家加强生产安全事故应急能力建设，在重点行业、领域建立应急救援基地和应急救援队伍，并由国家安全生产应急救援机构统一协调指挥；鼓励生产经营单位和其他社会力量建立应急救援队伍，配备相应的应急救援装备和物资，提高应急救援的专业化水平。

第八十二条 危险物品的生产、经营、储存单位以及矿山、金属冶炼、城市轨道交通运营、建筑施工单位应当建立应急救援组织；生产经营规模较小的，可以不建立应急救援组织，但应当指定兼职的应急救援人员。

危险物品的生产、经营、储存、运输单位以及矿山、金属冶炼、城市轨道交通运营、建筑施工单位应当配备必要的应急救援器材、设备和物资，并进行经常性维护、保养，保证正常运转。

一句话说法

应急救援组织、人员和设备是实施救援行动必需的硬件条件，具有一定危险性的单位应当具备这些条件。危险物品的生产、经营、储存、运输单位以及矿山、金属冶炼、城市轨道交通运营、建筑施工单位等依法应当建立应急救援组织，生产经营规模较小的，可以不建立应急救援组织，但应当指定兼职的应急救援人员。

76. 生产安全事故发生后，谁负责就事故整改和防范措施落实情况进行评估？评估何时进行？

案例背景

2019年7月19日，某煤气有限责任公司的气化厂发生重大爆炸事故，共造成15人死亡、16人重伤，爆炸产生冲击波导致周围群众175人轻伤，直接经济损失8000多万元。经调查发现，事故发生原因主要是该工厂的装置冷箱发生泄漏没有及时处置，大量液氧迅速外泄到周边正在装车的液氧运输车辆发生爆炸。事故发生后，当地主管部门对此进行了调查处理，不仅及时、准确地查清了事故原因，对事故责任单位和人员做出了处理，还提出了事故整改和防范措施。那么，在生产安全事故发生后，谁负责就事故整改和防范措施落实情况进行评估？评估何时进行？

法律讲堂

根据《安全生产法》第86条的规定，生产单位发生生产安全事故后，有关主管部门应当对事故进行调查处理，要查清事故原因，查明事故性质和责任，评估应急处置工作，总结事故教训，提出整改措施，并对事故责任单位和人员提出处理建议，出具并公开事故调查报告。事故发生单位应当重视并及时全面落实整改措施。这不仅仅是因为负有安全生产监督管理职责的部门会对其进行监督检查，而更重要的是因为负责事故调查处理的主管部门会在批复事故调查报告后一年内，组织有关部门对事故整改和防范措施落实情况进行评估，并及时向社会公开评估结果。对于那些不履行职责导致事故整改和防范措施没有落实的有关单位和人员，会按照有关规定追究责任。

在上面的案例中，该煤气公司的气化厂在发生了生产安全事故后，应当重视并严格落实事故调查报告中提出的事故整改和防范措施，争取在负责事故调查处理的主管部门批复事故调查报告后一年内完成整改任务，落实防范措施，否则该公司和相关人员会被追究相应的法律责任。

法律条文

《中华人民共和国安全生产法》

第八十六条 事故调查处理应当按照科学严谨、依法依规、实事求是、注重实效的原则，及时、准确地查清事故原因，查明事故性质和责任，评估应急处置工作，总结事故教训，提出整改措施，并对事故责任单位和人员提出处理建议。事故调查报告应当依法及时向社会公布。事故调查和处理的具体办法由国务院制定。

事故发生单位应当及时全面落实整改措施，负有安全生产监督管理职责的部门应当加强监督检查。

负责事故调查处理的国务院有关部门和地方人民政府应当在批复事故调查报告后一年内，组织有关部门对事故整改和防范措施落实情况进行评估，并及时向社会公开评估结果；对不履行职责导致事故整改和防范措施没有落实的有关单位和人员，应当按照有关规定追究责任。

生产安全事故发生后，事故发生单位一定要重视并严格落实事故整改和防范措施，因为对于该落实情况，除了会有相关部门对其进行监督检查外，如果该单位没有落实事故整改和防范措施，那么负责事故调查处理的主管部门也依然会对该公司和相关人员追究相应的责任。

第 6 章 监督管理与相关责任追究

77. 工会人员有权利对施工项目提出建议吗？

案例背景

某化肥生产厂为加大生产量，拟建设一个新车间。由于化肥厂的特殊生产过程，新车间要进行各项安全设施的安装与试用。工厂工会的负责人员在项目施工过程中负责进行安全检查与监督。在一次例行检查的过程中，工会负责人员发现工厂在消防设施的安装方面存在安全隐患，遂向厂长提出了安全建议，但厂长并没有将工会负责人员的建议放在心上，他认为工会的人无权对建设项目进行干涉。

学法有疑

工会人员有权对施工项目提出建议吗?

法律讲堂

安全设施，在生产活动中的定义是为防止可能发生的人员误操作、人身伤害或因意外引发的设备（施）损坏而设置的安全标志、设备标识、安全警示线和安全防护的总称，它是建设项目的重要组成部分。《安全生产法》第60条第1款规定：“工会有权对建设项目的安全设施与主体工程同时设计、同时施工、同时投入生产和使用进行监督，提出意见。”

本案中，该厂工会享有并行使了这一监督的权利，工厂对工会提出的意见，应当认真对待并进行研究，之后将研究的结果书面通知工会。

法律条文

《中华人民共和国安全生产法》

第六十条 工会有权对建设项目的安全设施与主体工程同时设计、同时施工、同时投入生产和使用进行监督，提出意见。

工会对生产经营单位违反安全生产法律、法规，侵犯从业人员合法权益的行为，有权要求纠正；发现生产经营单位违章指挥、强令冒险作业或者发现事故隐患时，有权提出解决的建议，生产经营单位应当及时研究答复；发现危及从业人员生命安全的情况时，有权向生产经营单位建议组织从业人员撤离危险场所，生产经营单位必须立即作出处理。

工会有权依法参加事故调查，向有关部门提出处理意见，并要求追究有关人员的责任。

一句话说法

工会可以帮助厂长办好工厂，能监督企业的安全及生产，减少工厂不必要的财产损失。如果企业和职工出现问题，工会也可以作为双方的润滑剂，从中进行调解。所以，企业应当重视工会的建议，对工会的提议进行认真思考。

78. 面对履行安全生产监督管理职责部门的变相收费，企业应该怎样维护自身合法权益？

案例背景

某县正在对县内所有的化学药品生产厂进行检查，某化学药品生产厂于2020年年底刚刚成立，这是第一次接受检查。在检查中，安全监督管理部门告知该厂的经理，由于化学药品具有特殊性，因此应当安装防火梯，并且指定必须在某中心购买。该厂经理觉得工厂的消防设施已经足够齐全并且还配备了阻火器，不用安装防火梯，并且即使安装也该由自己厂里决定去哪里买。该化学药品生产厂经理怀疑该部门变相收费，于是决定找律师咨询相关法律规定。

学法有疑

该化学药品生产厂必须按照要求去指定的某中心购买防火梯吗？经理该如何维护自身的合法权益呢？

法律讲堂

根据《安全生产法》第64条的规定，负有安全生产监督管理职责的部门对涉及安全生产的事项进行审查、验收，不得收取费用。此外，负有安全生产监督管理职责的部门不得要求接受审查、验收的单位购买其指定品牌或者指定生产、销售单位的安全设备、器材或者其他产品。

本案中，安全生产监督管理部门的做法应当属于变相收费。在购买防火梯的问题上，企业作为消费者有自己选择的权利，不受安全生产监督管理部门的影响。根据《安全生产法》第91条的规定，负有安全生产监督管理职责的部门，有针对上述审查、验收收取费用问题的，由其上级机关或者监察机关责令改正，责令退还收取的费用；情节严重的，对直接负责的主管人员和其他直接责任人员依法给予处分。

法律条文

《中华人民共和国安全生产法》

第六十四条 负有安全生产监督管理职责的部门对涉及安全生产的事项进行审查、验收，不得收取费用；不得要求接受审查、验收的单位购买其指定品牌或者指定生产、销售单位的安全设备、器材或者其他产品。

第九十一条 负有安全生产监督管理职责的部门，要求被审查、验收的单位购买其指定的安全设备、器材或者其他产品的，在对安全生产事项的审查、验收中收取费用的，由其上级机关或者监察机关责令改正，责令退还收取的费用；情节严重的，对直接负责的主管人员和其他直接责任人员依法给予处分。

负有安全生产监督管理职责的部门作为行使公权力的机关，应当严格按照法律的要求行使国家公权力。企业在遇到安全生产监督管理部门变相收费的情况时，可以向有关机关举报，维护自身合法权益。

79. 职工在遇到生产单位有违反安全的生产情况时如何举报?

案例背景

王某是某钢筋生产厂的职工。一次，该厂老板接到某建筑单位的一个订单，要求购买5吨直径为0.5厘米的钢筋，用来建筑某住宅区的停车棚。但是钢筋生产厂的老板为了提高利润，告诉厂里负责人要生产3吨直径为0.47厘米的钢筋、2吨直径为0.5厘米的钢筋。王某作为有经验的生产员，清楚地知道虽然0.47厘米和0.5厘米相差仅0.03厘米，但是这3吨的钢筋一旦用来建停车棚，遇到极端的雨雪天气，就会有倒塌的危险。王某向老板提出了建议，但老板却对其建议置之不理。王某担心因此发生生产安全事故，但是又苦于不知道该如何举报。

学法有疑

职工遇到这种情况应该怎么做呢？

法律讲堂

安全生产监督管理机构应当建立健全举报制度，让单位和个人有举报的渠道。对此，《安全生产法》第73条明确规定，负有安全生产监督管理职责的部门应当建立举报制度，公开举报电话、信箱或者电子邮件地址等网络举报平台，受理有关安全生产的举报；受理的举报事项经调查核实后，应当形成书面材料；需要落实整改措施的，报经有关负责人签字并督促落实。对不属于本部门职责，需要由其他有关部门进行调查处理的，转交其他有关部门处理。涉及人员死亡的举报事项，应当由县级以上人民政府组织核查处理。

本案中，王某发现钢筋厂生产的产品存在安全隐患，可以依照法律的规定，拨打负有安全生产监督管理职责的部门公开的举报电话进行举报，也可以写信举报，还可以发邮件举报。

法律条文

《中华人民共和国安全生产法》

第七十三条 负有安全生产监督管理职责的部门应当建立举报制度，公开举报电话、信箱或者电子邮件地址等网络举报平台，受理有关安全生产的举报；受理的举报事项经调查核实后，应当形成书面材料；需要落实整改措施的，报经有关负责人签字并督促落实。对不属于本部门职责，需要由其他有关部门进行调查处理的，转交其他有关部门处理。

涉及人员死亡的举报事项，应当由县级以上人民政府组织核查处理。

一句话说法

负有安全生产监督管理职责的部门应当切实地完善相应的举报渠道，公开举报电话、信箱或者电子邮件地址等网络举报平台，实现举报方式的多样化，为举报者提供更多的选择，使举报能够更加顺利，将生产经营单位的生产经营活动置于公众的监督之下。

80. 企业的安全生产检查由谁负责？

案例背景

某化肥厂接到一批加急订单，在一周之内要生产10吨化肥并包装。化肥厂的老板给工人们加了工资，让工人们辛苦些抓紧生产。但是生产量加大，生产车间的设备并没有跟上，车间通风的风扇已经明显不够用，工人们从车间出来的时候眼睛都是通红通红的。一些工人觉得既然老板给加了工资，就得拼了命地去干活、去生产。不过，化肥厂的安全隐患确实是存在的，一些工人担心长期下去，工人们的生命安全会受到威胁。

学法有疑

请问化工厂存在的安全隐患问题应由谁来负责检查呢？

法律讲堂

生产企业的安全检查包括很多方面，如安全通道是否畅通，是否乱动设备管道、乱动消火栓和乱按电源，车间内的通风照明设施是否正常，车间建筑是否安全，等等。具体实施检查的部门，根据《安全生产法》第62条的规定，县级以上地方各级人民政府应当根据本行政区域内的安全生产状况，组织有关部门按照职责分工，对本行政区域内容易发生重大生产安全事故的生产经营单位进行严格检查。此外，应急管理部门应当按照分类分级监督管理的要求，制定安全生产年度监督检查计划，并按照年度监督检查计划进行监督检查，发现事故隐患并及时处理。

所以，本案中化肥厂的生产安全检查由政府组织有关部门进行，以及应急管理部门按年度监督检查计划进行，对于其在车间内部没有及时安装通风设备的行为，有关部门在检查中发现后，应该制止并且责令其改正，以免发生危害后果。

法律条文

《中华人民共和国安全生产法》

第六十二条 县级以上地方各级人民政府应当根据本行政区域内的安全生产状况，组织有关部门按照职责分工，对本行政区域内容易发生重大生产安全事故的生产经营单位进行严格检查。

应急管理部门应当按照分类分级监督管理的要求，制定安全生产年度监督检查计划，并按照年度监督检查计划进行监督检查，发现事故隐患，应当及时处理。

一句话说法

企业的安全生产监督管理，一方面由县级以上地方各级人民政府根据本行政区域内的安全生产状况，组织有关部门按照职责分工，对容易发生重大生产安全事故的生产经营单位进行检查；另一方面由应急管理部门按照安全生产年度监督检查计划，进行监督检查，发现事故隐患并及时处理。

81. 生产单位担心在配合安全生产监督检查人员检查时泄露技术秘密怎么办？

案例背景

某农药生产厂生产某品牌的农药，销量一直很好，口碑也不错。有一次，履行安全生产监督管理职责的部门要求对该农药生产厂进行安全检查，看是否存在安全隐患。因为所有的农药样品以及成分的配比都是在化验室进行的，所以在检查到化验室时，农药生产厂的负责人不知道是否应该让安全生产监督检查人员进去检查，如果让他们进去检查的话，是否自己厂里的生产技术秘密就会泄露了呢？

学法有疑

对于生产单位的技术秘密，履行安全生产监督管理职责的部门有保密的义务吗？

法律讲堂

安全生产监督检查人员在对生产单位进行检查时，对于生产单位的技术秘密和业务秘密有保密义务。《安全生产法》第 67 条第 2 款规定，安全生产监督检查人员执行监督检查任务时，必须出示有效的行政执法证件；对涉及被检查单位的技术秘密和业务秘密，应当为其保密。

所以，本案中的农药生产厂的负责人可以放心地让安全生产监督检查人员进行安全检查，因为他们负有保密的义务，也会依照法律的规定保护好农药生产厂的技术秘密和业务秘密。

法律条文

《中华人民共和国安全生产法》

第六十七条 安全生产监督检查人员应当忠于职守，坚持原则，秉公执法。

安全生产监督检查人员执行监督检查任务时，必须出示有效的行政执法证件；对涉及被检查单位的技术秘密和业务秘密，应当为其保密。

企业的商业秘密、技术秘密等是具有商业价值的，这在知识产权法中也有明文规定。履行安全生产监督管理职责的部门在行使自己的权力时要保障企业的权利，保护企业的商业秘密、技术秘密，让企业放心地接受检查。

82. 应急管理部门有权在发现生产企业的安全隐患时责令其立即排除吗?

案例背景

染料厂工人在进行产品加工时需要佩戴专门的防护设备，这样才能保障工人的生命安全。但是某染料厂为了节省成本，提高企业的利润，就节省了这项开支。某应急管理部门在对其进行安全生产检查时，发现了这一安全隐患问题，并要求工厂暂时停止生产，等全部工人佩戴防护设备之后再开展生产。染料厂的厂长认为应急管理部门的要求不合理，他认为暂停生产会影响本厂的经济效益。他的想法对吗?

学法有疑

应急管理部门有权要求染料厂立即排除安全隐患吗?

法律讲堂

根据《安全生产法》第65条第1款的规定，应急管理部门和其他负有安全生产监督管理职责的部门依法开展安全生产行政执法工作，对生产经营单位执行有关安全生产的法律、法规和国家标准或者行业标准的情况进行监督检查，对检查中发现的事故隐患，应当责令立即排除；重大事故隐患排除前或者排除过程中无法保证安全的，应当责令从危险区域内撤出作业人员，责令暂时停产停业或者停止使用相关设施、设备；重大事故隐患排除后，经审查同意，方可恢复生产经营和使用。

本案中，某染料厂进行生产时，工人们没有佩戴防护设备，是冒着一定生命危险的，所以应急管理部门有权针对此项安全隐患，责令染料厂立即消除隐患，并且要求其在消除隐患前停止继续生产，这些都是合乎法律规定的。

法律条文

《中华人民共和国安全生产法》

第六十五条 应急管理部门和其他负有安全生产监督管理职责的部门依法开展安全生产行政执法工作，对生产经营单位执行有关安全生产的法律、法规和国家标准或者行业标准的情况进行监督检查，行使以下职权：

（一）进入生产经营单位进行检查，调阅有关资料，向有关单位和人员了解情况；

（二）对检查中发现的安全生产违法行为，当场予以纠正或者要求限期改正；对依法应当给予行政处罚的行为，依照本法和其他有关法律、行政法规的规定作出行政处罚决定；

（三）对检查中发现的事故隐患，应当责令立即排除；重大事故隐患排除前或者排除过程中无法保证安全的，应当责令从危险区域内撤出作业人员，责令暂时停产停业或者停止使用相关设施、设备；重大事故隐患排除后，经审查同意，方可恢复生产经营和使用；

（四）对有根据认为不符合保障安全生产的国家标准或者行业标准的设施、设备、器材以及违法生产、储存、使用、经营、运输的危险物品予以查封或者扣押，对违法生产、储存、使用、经营危险物品的作业场所予以查封，并依法作出处理决定。

监督检查不得影响被检查单位的正常生产经营活动。

思想上对安全隐患的错误认识，是企业最大的安全隐患，所以应加强企业领导的安全防范意识。企业领导应认真对待工作中出现的安全隐患，并及时进行整改，消除隐患，否则就是对企业和职工极大的不负责。

83. 安全生产监督检查人员要求进行安全检查时，生产单位拒绝的应该怎么办？

案例背景

2021 年 5 月，某县应急管理部门到其所在的行政区域检查某化肥厂的安全防护措施。不料，在检查到化肥厂的第二生产车间时，负责人自知里面的安全设施不齐全，便以车间对人员的进入有要求为由，拒绝检查人员进入车间进行检查。应急管理部门要求进去一个人做一个简单检查也被拒绝了。对生产单位进行安全检查是应急管理部门的职责所在，化肥厂的负责人这样的做法是否恰当呢？

学法有疑

化肥厂可以拒绝应急管理部门或其他负有安全生产监督管理职责的部门的检查吗？

法律讲堂

根据《安全生产法》第 66 条的规定，生产经营单位对负有安全生产监督管理职责的部门的监督检查人员（以下统称安全生产监督检查人员）依法履行监督检查职责，应当予以配合，不得拒绝、阻挠。

本案中，化肥厂的负责人再三阻挠检查，这样的做法已明显违背了法律规定。对于该负责人的行为，应急管理部门有权按照《安全生产法》第 108 条的规定对其予以处罚。

法律条文

《中华人民共和国安全生产法》

第六十六条 生产经营单位对负有安全生产监督管理职责的部

门的监督检查人员（以下统称安全生产监督检查人员）依法履行监督检查职责，应当予以配合，不得拒绝、阻挠。

第一百零八条 违反本法规定，生产经营单位拒绝、阻碍负有安全生产监督管理职责的部门依法实施监督检查的，责令改正；拒不改正的，处二万元以上二十万元以下的罚款；对其直接负责的主管人员和其他直接责任人员处一万元以上二万元以下的罚款；构成犯罪的，依照刑法有关规定追究刑事责任。

生产单位接受并配合负有安全生产监督管理职责的部门检查，是作为生产单位的一项义务规定在法律之中的。既然是义务，就说明在有关机关进行检查时，生产单位应当对检查工作予以积极的配合和支持，而并没有拒绝检查的权利。

84. 企业负责人不在安全生产检查记录上签字就意味着记录没有法律效力吗？

案例背景

某天，应急管理部门对某布料生产厂进行安全检查。检查过程中发现，布料生产厂的安全通道全部被破旧不堪的旧布料挡住了。检查人员认为布料生产厂的生产规模很大，并且产品都是易燃品，必须保证安全应急通道畅通，否则一旦出了问题，在安全通道被挡住的情况下，员工没有逃出的可能，消防员也没有展开营救的可能。于是检查人员书面记录了这一情况，并要求生产厂的负责人签字。但是负责人认为这份书面记录是对自己不利的，遂没有签字。

学法有疑

负责人不签字，此项记录就没有法律效力了吗？

法律讲堂

对生产单位的安全检查完毕后，依照法律规定，生产单位的负责人应该在书面记录上签字。但负责人不签字并不代表检查记录不具有法律效力。《安全生产法》第 68 条明确规定，安全生产监督检查人员应当对检查的时间、地点、内容、发现的问题及其处理情况，作出书面记录，并由检查人员和被检查单位的负责人签字；被检查单位的负责人拒绝签字的，检查人员应当将情况记录在案，并向负有安全生产监督管理职责的部门报告。

本案中，某布料生产厂的负责人不在检查记录上面签字并不影响检查记录的效力，检查记录情况也是不受此影响的。

法律条文

《中华人民共和国安全生产法》

第六十八条 安全生产监督检查人员应当将检查的时间、地点、内容、发现的问题及其处理情况，作出书面记录，并由检查人员和被检查单位的负责人签字；被检查单位的负责人拒绝签字的，检查人员应当将情况记录在案，并向负有安全生产监督管理职责的部门报告。

在企业经营中，工人的人身安全是至关重要的，而一旦发生生产安全事故，对工人的损害也是非常重大的。企业要配合有关部门的安全检查工作。生产单位负责人重视安全工作，履行安全生产第一的职责，执行好国家有关安全的法律规定，这是法律的要求，也是尊重员工生命的表现。

85. 对于有重大隐患的生产企业，负有安全生产监督管理职责的部门可以采取什么措施？

案例背景

某造纸厂总共有6间大型车间。最近，厂长听说生产氟很赚钱，于是就聘请了技术员，重新加盖了一个车间进行生产。后当地履行安全生产监督管理职责的部门到造纸厂进行安全检查，发现造纸厂内违规生产氟，且车间没有任何安全生产设备，一旦发生泄漏情况，车间内的20名工人全部有生命危险。监督检查单位就此情况对造纸厂进行了警告，要求其立即停止生产氟，关闭车间。但造纸厂老板并没有听从该意见。监督检查单位遂决定通过对该造纸厂断电的方式强制其停止违规生产氟。

学法有疑

履行安全生产监督管理职责的部门可以从安全角度出发强行对企业断电吗？

法律讲堂

《安全生产法》第70条第1款规定："负有安全生产监督管理职责的部门依法对存在重大事故隐患的生产经营单位作出停产停业、停止施工、停止使用相关设施或者设备的决定，生产经营单位应当依法执行，及时消除事故隐患。生产经营单位拒不执行，有发生生产安全事故的现实危险的，在保证安全的前提下，经本部门主要负责人批准，负有安全生产监督管理职责的部门可以采取通知有关单位停止供电、停止供应民用爆炸物品等措施，强制生产经营单位履行决定。通知应当采用书面形式，有关单位应当予以配合。"

所以，本案中针对造纸厂这种违规生产氟且没有任何安全设备的情况，安全生产监督管理部门有权对其采取断电措施。

法律条文

《中华人民共和国安全生产法》

第七十条 负有安全生产监督管理职责的部门依法对存在重大事故隐患的生产经营单位作出停产停业、停止施工、停止使用相关设施或者设备的决定，生产经营单位应当依法执行，及时消除事故隐患。生产经营单位拒不执行，有发生生产安全事故的现实危险的，在保证安全的前提下，经本部门主要负责人批准，负有安全生产监督管理职责的部门可以采取通知有关单位停止供电、停止供应民用爆炸物品等措施，强制生产经营单位履行决定。通知应当采用书面形式，有关单位应当予以配合。

负有安全生产监督管理职责的部门依照前款规定采取停止供电措施，除有危及生产安全的紧急情形外，应当提前二十四小时通知生产经营单位。生产经营单位依法履行行政决定、采取相应措施消除事故隐患的，负有安全生产监督管理职责的部门应当及时解除前款规定的措施。

企业在生产时要坚持“安全生产第一”的宗旨，要及时发现隐患，及时消除隐患，避免发生不能挽回的损失。虽然为了消除隐患会投入一些资金，或造成一些损失，但消除了危险源，也就防止了因事故造成的更重大的损失，这也是效益。

86. 村民发现驻扎在村里的企业存在安全生产违法行为时应当怎样处理呢?

案例背景

某化工用品厂由于县里的整改计划将厂址迁到了该县某村。该工厂迁来后,在村里招聘了一些工人,让村里人获得了收益。但很快有人发现,该工厂储存、使用危险物品的车间、仓库与员工宿舍在同一建筑中,不符合安全要求。村民刘某找加工厂领导反映情况,可是加工厂并不加以整改。后来有的村民直接向村委会反映,可是村委会也无计可施。

学法有疑

面对这种情况，村民应当怎样维护合法权益呢?

法律讲堂

村民除了向工厂的负责人反映工厂出现的安全隐患问题，还可以向本村的村委会反映问题，由村委会向当地的人民政府报告。《安全生产法》第75条规定:“居民委员会、村民委员会发现其所在区域内的生产经营单位存在事故隐患或者安全生产违法行为时，应当向当地人民政府或者有关部门报告。”

所以，针对本案中危险物品车间、仓库与宿舍在一座建筑中的安全隐患，在村民向村委会反映后，村委会可以向当地的人民政府报告。及早报告，有利于使安全问题得到及时的解决，使村民的安全得到保障，也使化工用品厂的生产安全得到保障。

法律条文

《中华人民共和国安全生产法》

第七十五条 居民委员会、村民委员会发现其所在区域内的生产经营单位存在事故隐患或者安全生产违法行为时，应当向当地人民政府或者有关部门报告。

第一百零五条 生产经营单位有下列行为之一的，责令限期改正，处五万元以下的罚款，对其直接负责的主管人员和其他直接责任人员处一万元以下的罚款；逾期未改正的，责令停产停业整顿；构成犯罪的，依照刑法有关规定追究刑事责任：

（一）生产、经营、储存、使用危险物品的车间、商店、仓库与员工宿舍在同一座建筑内，或者与员工宿舍的距离不符合安全要求的；

（二）生产经营场所和员工宿舍未设有符合紧急疏散需要、标志明显、保持畅通的出口、疏散通道，或者占用、锁闭、封堵生产经营场所或者员工宿舍出口、疏散通道的。

一句话说法

村民作为个人，举报的渠道也有很多，既可以向村委会反映，也可以向履行安全生产监督管理职责的部门举报，或者找相关媒体进行反映。国家对个人的举报也设立了奖励制度，对于举报有功的人员会给予一定的奖励。

87. 媒体监督企业安全生产有法律依据吗？

案例背景

某市的石灰生产厂西郊分区招聘了一批工人，从事生产石灰的工作。但是石灰厂为了节省成本，并没有给工人们提供手套和防尘口罩，工人们在搅拌石灰的过程中由于石灰溅落经常被烧伤，裸露的皮肤也常常被烧掉一层皮；整天吸着石灰粉末，工人们的嗓子也出现了不同程度的损伤。李某作为工人代表，几次跟厂长谈判，希望为工人们争取一些安全生产的保护措施，都被厂长拒绝了。于是李某找来做记者的亲戚想对此事进行曝光。

学法有疑

李某的做法是否会有效呢？媒体在监督企业安全生产方面有着怎样的权利和义务呢？

法律讲堂

媒体对于企业的安全生产有进行安全生产宣传教育的义务，也有对违反安全生产法律、法规的行为进行舆论监督的权利。《安全生产法》第 77 条规定：“新闻、出版、广播、电影、电视等单位有进行安全生产公益宣传教育的义务，有对违反安全生产法律、法规的行为进行舆论监督的权利。”

本案中，石灰厂招聘工人进行生产，却不给他们配备安全生产的设备，违反了企业安全生产的要求。李某在此情况下找来媒体曝光也是一种自我保护的手段，媒体有权利对各生产单位违反安全生产法律、法规的行为进行舆论监督。

法律条文

《中华人民共和国安全生产法》

第七十七条 新闻、出版、广播、电影、电视等单位有进行安全生产公益宣传教育的义务，有对违反安全生产法律、法规的行为进行舆论监督的权利。

一句话说法

媒体监督既是法律赋予媒体的一项权利，也是最有效的一种方式。个人如果在不知道向哪里举报安全生产问题时也可以找媒体，让媒体进行监督报道。同时，媒体应当客观、真实地进行报道，做到不偏不倚。

88. 个人是否有权举报企业的安全生产违法行为？

案例背景

某钢丝绳生产厂家是某市的大品牌，名声响亮，钢丝绳的质量也是行业内都认可的。因为企业每年的利润高，所以工人们的待遇也很好。肖某在2020年冬天进入了该企业，由于学历高，又好学，半年后厂长提拔其做了车间主任。年轻气盛的肖某打算在自己的岗位上好好干一番事业。一天，肖某发现车间内绞断钢丝绳的大钳出现了裂痕，如果哪一天在剪钢丝的时候断裂，在旁边看守的工人肯定会受伤。肖某将此情况向厂长反映，厂长不以为意。肖某想向有关部门进行举报，但不知自己是否有这个权利。

学法有疑

肖某有权利举报钢丝生产厂吗？

法律讲堂

肖某有权向有关部门举报。《安全生产法》第74条第1款明确规定，任何单位或者个人对事故隐患或者安全生产违法行为，均有权向负有安全生产监督管理职责的部门报告或者举报。

本案中，肖某发现生产设备存在安全隐患，向厂长作了解释说明，但厂长不以为意，并没有采取消除隐患的举措，因此其有权利进行举报。

法律条文

《中华人民共和国安全生产法》

第七十四条 任何单位或者个人对事故隐患或者安全生产违法行为，均有权向负有安全生产监督管理职责的部门报告或者举报。

因安全生产违法行为造成重大事故隐患或者导致重大事故，致使国家利益或者社会公共利益受到侵害的，人民检察院可以根据民事诉讼法、行政诉讼法的相关规定提起公益诉讼。

对于个人举报的渠道，各地可以考虑在规定中加以拓宽。例如，个人可以用电话举报、邮件举报、微信举报、微博举报等。举报形式由单一化转向多样化，有利于促进个人对企业进行监督，保障企业的生产安全。此外，因违法行为造成重大事故隐患或重大事故，致使国家利益或者社会公共利益受到侵害的，人民检察院还可以根据民事诉讼法、行政诉讼法的相关规定提起公益诉讼。

89. 安全生产监督管理职责部门的工作人员发现安全事故隐患没有及时依法处理的，会面临什么处罚？

案例背景

某县应急管理部门依法对本县工业区的企业进行安全检查。检查到某电焊厂时，发现电焊厂30%的工人没有特种作业证，这对电焊厂来说存在极大的安全隐患。碍于电焊厂的厂长是应急管理部门某主任的舅舅，所以检查人员既没有对此做记录，也没有提醒厂长。结果，一周后，电焊厂的两名没有特种作业资格证的工人由于操作不当，发生了事故。对于此次事故，应急管理部门的工作人员要负什么样的责任？

学法有疑

对应急管理部门没有及时依法处理已经发现的安全事故隐患的行为，应该进行怎样的处罚呢？

法律讲堂

负有安全生产监督管理职责的部门的工作人员应尽早发现隐患，及时消除隐患，避免企业发生人身和财产损失。对于负有监督检查职责的工作人员在监督检查中发现重大事故隐患，却不依法及时处理的，根据《安全生产法》第90条的规定，应当给予降级或者撤职的处分，若构成犯罪的，则依照刑法有关规定追究刑事责任。因此，案例中的检查人员应该按照法律规定受到相应的处罚。

此外，根据上述法律条文的规定可知，负有安全生产监督管理职责的工作人员，有以下四种行为之一的，将受到同类处罚：（1）对不符合法定安全生产条件的涉及安全生产的事项予以批准或者验收通过的；（2）发现未依法取得批准、验收的单位擅自从事有关活动或者接到举报后不予取缔或者不依法予以处理的；（3）对已经依法取得批准的单位不履行监督管理职责，发现其不再具备安全生产条件而不撤销原批准或者发现安全生产违法行为不予查处的；(4) 在监督检查中发现重大事故隐患，不依法及时处理的。此外，负有安全生产监督管理职责的部门的工作人员有上述行为以外的滥用职权、玩忽职守、徇私舞弊行为的，依法给予处分；构成犯罪的，依照刑法有关规定追究刑事责任。

法律条文

《中华人民共和国安全生产法》

第九十条 负有安全生产监督管理职责的部门的工作人员，有下列行为之一的，给予降级或者撤职的处分；构成犯罪的，依照刑法有关规定追究刑事责任：

（一）对不符合法定安全生产条件的涉及安全生产的事项予以批准或者验收通过的；

（二）发现未依法取得批准、验收的单位擅自从事有关活动或者接到举报后不予取缔或者不依法予以处理的；

（三）对已经依法取得批准的单位不履行监督管理职责，发现其不再具备安全生产条件而不撤销原批准或者发现安全生产违法行为不予查处的；

（四）在监督检查中发现重大事故隐患，不依法及时处理的。

负有安全生产监督管理职责的部门的工作人员有前款规定以外的滥用职权、玩忽职守、徇私舞弊行为的，依法给予处分；构成犯罪的，依照刑法有关规定追究刑事责任。

一句话说法

为维护企业的安全，避免事故的发生，安全监督管理部门应制定相关措施，加强整改隐患的监督工作，发现存在问题时责令企业及时整改。对不整改隐患的企业，应追究企业安全生产责任人的责任，促使企业认真对待隐患整改工作。

90. 承担安全评价、认证、检测、检验工作的机构在检查中为企业出具失实或虚假报告的情形应当怎样处理？

案例背景

某硫酸厂在2005年建厂投入生产，到如今有些设备已经开始老化。厂长为了减少生产成本，多赢取一些利润，找到安全资质检测机构的负责人，希望能够将企业今年的设备的安全评估做得“好一些”。还跟负责人说了厂里的难处，称近几年经济效益很差，企业的资金周转也有困难，未及时更新设备也是迫不得已，厂里会尽量慢慢地淘汰掉全部老化设备，进行更新换代。如果负责安全资质检测的负责人答应为生产单位出具虚假的报告，该承担怎样的责任呢？

学法有疑

对于出具失实或虚假报告的机构，法律规定了怎样的惩罚机制呢？

法律讲堂

具备安全评价资质的机构需要对检查评价结果负责，如果出具失实报告或虚假报告，具体处罚后果依据《安全生产法》第92条的规定可知，即“承担安全评价、认证、检测、检验职责的机构出具失实报告的，责令停业整顿，并处三万元以上十万元以下的罚款；给他人造成损害的，依法承担赔偿责任。承担安全评价、认证、检测、检验职责的机构租借资质、挂靠、出具虚假报告的，没收违法所得；违法所得在十万元以上的，并处违法所得二倍以上五倍以下的罚款，没有违法所得或者违法所得不足十万元的，单处或者并处十万元以上二十万元以下的罚款；对其直接负责的主管人员和其他直接责任人员处五万元以上十万元以下的罚款；给他人造成损害的，与生产经营单位承担连带赔偿责任；构成犯罪的，依照刑法有关规定追究刑事责任。对有前款违法行为的机构及其直接责任人员，吊销其相应资质和资格，五年内不得从事安全评价、认证、检测、检验等工作；情节严重的，实行终身行业和职业禁入”。案例中这个安全资质检测机构，如果出具了虚假的报告，就应当依照上述法律规定承担相应的法律责任。

法律条文

《中华人民共和国安全生产法》

第九十二条 承担安全评价、认证、检测、检验职责的机构出具失实报告的，责令停业整顿，并处三万元以上十万元以下的罚款；给他人造成损害的，依法承担赔偿责任。

承担安全评价、认证、检测、检验职责的机构租借资质、挂靠、出具虚假报告的，没收违法所得；违法所得在十万元以上的，并处违法所得二倍以上五倍以下的罚款，没有违法所得或者违法所得不足十万元的，单处或者并处十万元以上二十万元以下的罚款；对其直接负责的主管人员和其他直接责任人员处五万元以上十万元以下的罚款；给他人造成损害的，与生产经营单位承担连带赔偿责任；构成犯罪的，依照刑法有关规定追究刑事责任。

对有前款违法行为的机构及其直接责任人员，吊销其相应资质和资格，五年内不得从事安全评价、认证、检测、检验等工作；情节严重的，实行终身行业和职业禁入。

安全评测等机构要对自己出具的报告等文件负责。违法情节严重的，很可能会触犯刑法。更何况，出具文件事小，文件用在何处、怎样用事大，所以相关负责部门应当重视自己出具的文件，确保报告文件的真实性和合法性。

91. 生产安全事故发生后，生产企业的安全管理人员会受到怎样的处罚？

案例背景

金某在某楼板厂工作。在工作过程中，金某发现起重机的吊绳出现了裂痕，有断裂的危险。出于安全的考虑，金某将此情况告知了楼板厂负责安全生产的管理人员。但管理人员答复说，这道裂痕已经出现很长时间了，没事。金某一直担心会出现生产安全事故，几经劝阻也无济于事。2021 年 6 月，起重机在作业的过程中，吊绳突然断裂，导致两名工人当场死亡。

学法有疑

楼板厂的安全管理人员对此次事故要承担怎样的法律责任呢？

法律讲堂

《安全生产法》第 96 条明确规定："生产经营单位的其他负责人和安全生产管理人员未履行本法规定的安全生产管理职责的，责令限期改正，处一万元以上三万元以下的罚款；导致发生生产安全事故的，暂停或者吊销其与安全生产有关的资格，并处上一年年收入百分之二十以上百分之五十以下的罚款；构成犯罪的，依照刑法有关规定追究刑事责任。"据此可知，安全管理人员是保障企业生产安全、及时排除隐患的一道重要防线，安全管理人员依法需参加安全生产培训，并在考核合格后方能持资格证上岗。如果安全管理人员未尽安全管理职责的，将可能面临相应罚款，其资格证也会面临被撤销的风险。

案例中的安全管理人员在知道起重机存在安全隐患时，未履行法定的安全生产管理职责，导致发生了生产安全事故，并且造成了两名工人死亡，所以应当承担法定责任。

法律条文

《中华人民共和国安全生产法》

第九十六条 生产经营单位的其他负责人和安全生产管理人员未履行本法规定的安全生产管理职责的，责令限期改正，处一万元以上三万元以下的罚款；导致发生生产安全事故的，暂停或者吊销其与安全生产有关的资格，并处上一年年收入百分之二十以上百分之五十以下的罚款；构成犯罪的，依照刑法有关规定追究刑事责任。

生产单位的其他责任人和安全生产管理人员应当尽到自己在安全生产管理上的职责。在企业的安全方面要认真负责，这样才能帮助企业防范风险，保障企业生产安全有序进行，促进企业稳定、长远发展。

92. 发现安全隐患而不予以消除的，生产经营单位会面临怎样的处罚？

案例背景

王某刚应聘到一家农药生产厂的车间工作。由于农药生产的特殊性，厂里需要发放防毒口罩。但是王某发现，农药生产厂并没有给工人发放防毒口罩。王某认为，这存在极大的安全隐患，工人们每天于无形中吸食了大量的有害物质。王某遂向厂里要求发放口罩。厂里无动于衷，一直未给工人发放口罩。后王某就向有关部门举报了农药生产厂。农药生产厂会面临怎样的处罚呢？

学法有疑

生产企业不采取措施消除事故隐患的，会面临怎样的处罚呢？

法律讲堂

对于发现事故隐患却不主动采取相应措施加以消除的，将依法给予处罚。对此，根据《安全生产法》第102条的规定可知，生产经营单位未采取措施消除事故隐患的，责令立即消除或者限期消除处五万元以下的罚款；生产经营单位拒不执行的，责令停产停业整顿，对其直接负责的主管人员和其他直接责任人员处五万元以上十万元以下的罚款；构成犯罪的依照刑法有关规定追究刑事责任。也就是说，案例中的农药生产厂将会被责令限期消除隐患并处予相应罚款，如果拒不执行此处罚决定的话，还会面临责令停产停业整顿及对直接负责的主管人员和其他直接责任人员处以相应罚款。如果构成犯罪的话，还会被追究刑事责任。

法律条文

《中华人民共和国安全生产法》

第一百零二条 生产经营单位未采取措施消除事故隐患的，责令立即消除或者限期消除，处五万元以下的罚款；生产经营单位拒不执行的，责令停产停业整顿，对其直接负责的主管人员和其他直接责任人员处五万元以上十万元以下的罚款；构成犯罪的，依照刑法有关规定追究刑事责任。

生产企业应时刻坚持“安全第一”的原则，对于发现的事故隐患应该尽量早处理，避免造成不必要的经济损失；对于有关人员和负有安全生产监督管理职责的部门提出的安全建议也应当积极采纳，消除企业存在的安全隐患。

93. 发生生产安全事故后，生产企业需要承担怎样的责任呢？

案例背景

某硫酸厂在生产硫酸时，因设备阀门出现了松动，导致硫酸罐爆炸，造成车间内的35人以及车间外的20人受重伤。硫酸厂的负责人第一时间组织了救援，并且告知了行政区域内的应急管理部门。这些受伤的工人在医院医治完毕之后，工厂承担了他们的全部医药费。但是应急管理部门还因此事故对硫酸厂进行了罚款。硫酸厂的负责人认为此举不妥当，厂里已经承担了工人们的医药费，也及时报告了此次事故，并进行了整改，为什么还要罚款呢？

学法有疑

生产单位发生事故后，仅仅承担所有的损失就可以了吗？

法律讲堂

发生生产安全事故，负有责任的生产经营单位不仅要依法承担相应的赔偿等责任，还会被处以一定数额的罚款。依据《生产安全事故报告和调查处理条例》第3条对生产安全事故等级的划分标准可知，案例中的事故属于重大事故。《安全生产法》第114条明确规定了以下四个处罚层次，即（1）发生一般事故的，处30万元以上100万元以下的罚款；（2）发生较大事故的，处100万元以上200万元以下的罚款；（3）发生重大事故的，处200万元以上1000万元以下的罚款；（4）发生特别重大事故的，处1000万元以上2000万元以下的罚款。同时，发生的生产安全事故情节特别严重、影响特别恶劣的，应急管理部门还可以按照前述罚款数额的二倍以上五倍以下对负有责任的生产经营单位处以罚款。

综上所述，案例中硫酸厂发生爆炸属于重大事故，相关部门将会对其处200万元以上1000万元以下的罚款。

法律条文

《生产安全事故报告和调查处理条例》

第三条 根据生产安全事故（以下简称事故）造成的人员伤亡或者直接经济损失，事故一般分为以下等级：

（一）特别重大事故，是指造成30人以上死亡，或者100人以上重伤（包括急性工业中毒，下同），或者1亿元以上直接经济损失的事故；

（二）重大事故，是指造成10人以上30人以下死亡，或者50人以上100人以下重伤，或者5000万元以上1亿元以下直接经济损失的事故；

（三）较大事故，是指造成3人以上10人以下死亡，或者10人以上50人以下重伤，或者1000万元以上5000万元以下直接经济损失的事故；

（四）一般事故，是指造成3人以下死亡，或者10人以下重伤，或者1000万元以下直接经济损失的事故。

国务院安全生产监督管理部门可以会同国务院有关部门，制定事故等级划分的补充性规定。

本条第一款所称的“以上”包括本数，所称的“以下”不包括本数。

《中华人民共和国安全生产法》

第一百一十四条 发生生产安全事故，对负有责任的生产经营单位除要求其依法承担相应的赔偿等责任外，由应急管理部门依照下列规定处以罚款：

（一）发生一般事故的，处三十万元以上一百万元以下的罚款；

（二）发生较大事故的，处一百万元以上二百万元以下的罚款；

（三）发生重大事故的，处二百万元以上一千万元以下的罚款；

（四）发生特别重大事故的，处一千万元以上二千万元以下的罚款。

发生生产安全事故，情节特别严重、影响特别恶劣的，应急管理部门可以按照前款罚款数额的二倍以上五倍以下对负有责任的生产经营单位处以罚款。

生产单位发生生产安全事故后，承担所有的损失是其应当承担的责任。而应急管理部门的罚款属于行政处罚，是因为其扰乱了生产秩序及社会秩序，所以应急管理部门有权对其进行罚款，以起到惩罚和告诫作用。

94. 企业发生生产安全事故致人受伤，经法院判决后拒不执行的怎么办？

案例背景

某水泥厂因为场地租金太贵，将场地搬到了一家废弃的工厂里面。水泥厂的一些设备已经老化，但厂长为了节约成本一直不予更换，所以搬迁的过程中工人们只能尽量小心谨慎。2021 年 3 月，工厂搬迁完毕，正式投入生产。但是在生产过程中，因为生产水泥的设备已经破旧，机身突然崩开，导致正在厂房里工作的工人姜某受伤，被水泥盖住。水泥厂负责人立即组织了救援，并将有关情况告知了本行政区域内的应急管理部门。后姜某出院，由于企业并没有补偿其医药费，姜某遂将水泥厂告上了法院。法院最终判决水泥厂承担姜某住院期间的所有损失。但水泥厂接到判决书后既没有上诉，也不履行判决。

学法有疑

此时，姜某可以要求法院强制执行水泥厂的财产吗？

法律讲堂

姜某可以要求法院强制执行。《安全生产法》第 116 条明确规定，生产经营单位发生生产安全事故造成人员伤亡、他人财产损失的，应当依法承担赔偿责任；拒不承担或者其负责人逃匿的，由人民法院依法强制执行。生产安全事故的责任人未依法承担赔偿责任，经人民法院依法采取执行措施后，仍不能对受害人给予足额赔偿的，应当继续履行赔偿义务；受害人发现责任人有其他财产的，可以随时请求人民法院执行。因此，案例中的姜某可以要求法院强制执行，维护自身合法权益。

法律条文

《中华人民共和国安全生产法》

第一百一十六条 生产经营单位发生生产安全事故造成人员伤亡、他人财产损失的，应当依法承担赔偿责任；拒不承担或者其负责人逃匿的，由人民法院依法强制执行。

生产安全事故的责任人未依法承担赔偿责任，经人民法院依法采取执行措施后，仍不能对受害人给予足额赔偿的，应当继续履行赔偿义务；受害人发现责任人有其他财产的，可以随时请求人民法院执行。

一句话说法

在申请强制执行时，需要注意的是申请强制执行的期间是两年，从法律文书规定履行期间的最后一日起计算；法律文书规定分期履行的，从规定的每次履行期间的最后一日起计算；当事人应当在此期间内向法院申请。

95. 安全生产不良记录“黑名单”是怎么回事?

案例背景

2020年6月28日，某铝业有限公司发生一起高温铝液遇水爆炸事故，引起厂房坍塌，造成5人死亡、1人受伤。后因事故隐患排查治理工作不深入、不彻底，安全教育培训工作开展不力等原因，该公司于同年10月18日又发生一起爆炸事故，造成3人死亡、2人受伤。经当地负有安全生产监督管理职责的部门报送后，应急管理部将对该事故的发生负有责任的公司、公司总经理、安全员纳入了联合惩戒对象，并且纳入了安全生产不良记录“黑名单”管理。

学法有疑

什么是安全生产不良记录“黑名单”?

法律讲堂

安全生产不良记录“黑名单”是指，对于存在严重违法违规行为，发生重特大生产安全责任事故，或一年内累计发生两起较大生产安全责任事故，或发生性质恶劣、危害性严重、社会影响大的典型较大生产安全责任事故的联合惩戒对象，将其纳入安全生产不良记录“黑名单”管理。一旦被纳入“黑名单”管理，企业信息不仅会被报送应急管理部进行通报，还会在应急管理部政府网站[①]和《中国安全生产报》上向社会公布。建立联合惩戒和“黑名单”管理制度对全面惩戒和约束违法违规企业，提高失信企业的违法成本，严肃生产安全事故责任追究，倒逼企业落实安全生产主体责任有巨大的保障作用。

---

① 现为应急管理部。2018年3月，根据第十三届全国人民代表大会第一次会议批准的国务院机构改革方案，中华人民共和国应急管理部设立。

根据《对安全生产领域失信行为开展联合惩戒的实施办法》第3条的规定，本案中某铝业有限公司、公司总经理、安全员属于“1年内累计发生2起较大生产安全责任事故”的联合惩戒对象，符合被纳入安全生产不良记录“黑名单”管理的条件。因此，应急管理部将其纳入安全生产不良记录“黑名单”管理的做法正确合法。

法律条文

《对安全生产领域失信行为开展联合惩戒的实施办法》

第三条 存在严重违法违规行为，发生重特大生产安全责任事故，或1年内累计发生2起较大生产安全责任事故，或发生性质恶劣、危害性严重、社会影响大的典型较大生产安全责任事故的联合惩戒对象，纳入安全生产不良记录“黑名单”管理。

第四条 各省级安全监管监察部门要落实主要负责人责任制，建立联合惩戒信息管理制度，严格规范信息的采集、审核、报送和异议处理等相关工作，经主要负责人审签后，于每月10日前将本地区上月拟纳入联合惩戒对象和“黑名单”管理的信息及开展联合惩戒情况报送国家安全监管总局。

第五条 国家安全监管总局办公厅对各地区报送的信息进行分类，会同有关业务司局审核后，报请总局局长办公会审议。审议通过后，通过全国信用信息共享平台和全国企业信用信息公示系统向各有关部门通报，并在国家安全监管总局政府网站和《中国安全生产报》向社会公布。

国家安全监管总局办公厅和有关司局也可通过事故接报系统，以及安全生产巡查、督查、检查等渠道获取有关信息，经严格会审后，报请总局局长办公会审议。审议通过后，直接纳入联合惩戒对象和“黑名单”管理。

一句话说法

企业应当严格遵守法律规定进行安全生产，否则一旦被纳入安全生产不良记录“黑名单”管理，相关部门对企业采取的管理措施

将是十分严厉的。不仅会对其采取加大执法检查频次、常态化暗查暗访、不定期开展抽查、约谈培训、实施市场禁入等措施，还会依法限制其参与建设工程招投标、取得政府性资金支持等。

96. 被纳入安全生产不良记录“黑名单”，是终身的吗?

案例背景

2020年6月16日，某包装公司因未落实安全生产主体责任，生产现场安全管理不到位，违法违规出租厂房并且擅自改变厂房使用性质，导致安全管理缺失，安全隐患未能被及时发现，最终引发厂房火灾，造成12人死亡。当地行政主管部门因此将该包装公司纳入联合惩戒对象和安全生产不良记录“黑名单”管理。后来，在其被纳入“黑名单”管理即将满一年之时，该包装公司向当地安全监管部门提出移出申请，经安全监管部门审核验收，报应急管理部审核后，将该包装公司移出安全生产不良记录“黑名单”。

学法有疑

被纳入安全生产不良记录“黑名单”，是终身的吗?

法律讲堂

根据《对安全生产领域失信行为开展联合惩戒的实施办法》第6条和第7条的规定，一般来说，企业被纳入“黑名单”的管理期限为一年。在这一年的管理期限内，企业会受到当地安全监管监察部门采取的惩戒措施，包括加强安全监管监察、依法暂停审批其新的重大项目申报，核减、停止拨付或收回政府补贴资金措施等。但企业如果能够在管理期满前30个工作日内提出移出申请，并通过应急管理部的严格审核，是可以被移出“黑名单”的。由此可见，企业被纳入“黑名单”并非终身的，而是有期限的。

本案中，该包装公司依照法定程序提出了移出申请，而当地安全监管监察部门和应急管理部门均依照《对安全生产领域失信行为开展联合惩戒的实施办法》的规定履行了职责，最终做出将该包装公司移出安全生产不良记录“黑名单”的决定，这一决定是合法的。

法律条文

《对安全生产领域失信行为开展联合惩戒的实施办法》

第六条 联合惩戒和“黑名单”管理的期限为1年，自公布之日起计算。有关法律法规对管理期限另有规定的，依照其规定执行。

第七条 联合惩戒和“黑名单”管理期满，被惩戒对象须在期满前30个工作日内向所在地县级（含县级）以上安全监管监察部门提出移出申请，经省级安全监管监察部门审核验收，报国家安全监管总局。国家安全监管总局办公厅会同有关司局严格审核，报总局领导审定后予以移出，同时通报相关部门和单位，向社会公布。

一句话说法

当企业被纳入“黑名单”管理后，一定要依法配合当地安全监管部门对其采取的惩戒以及企业管理措施，并且要按照法定程序在规定期限内提出移出申请，否则，极有可能无法通过应急管理部的审核，无法移出“黑名单”。

图书在版编目（CIP）数据

安全生产法看图一点通 / 冯美华著. —北京：中国法制出版社，2021.9
（看图学法）
ISBN 978-7-5216-1992-8

Ⅰ. ①安…　Ⅱ. ①冯…　Ⅲ. ①安全生产-安全法规-中国-图解　Ⅳ. ①D922.54-64

中国版本图书馆 CIP 数据核字（2021）第 121472 号

策划编辑：杨　智（yangzhibnulaw@126.com）
责任编辑：王　悦　　封面设计：杨泽江

安全生产法看图一点通

ANQUAN SHENGCHANFA KAN TU YIDIANTONG

著者/冯美华
经销/新华书店
印刷/三河市紫恒印装有限公司
开本/880 毫米×1230 毫米　32 开　　印张/7.25　字数/140 千
版次/2021 年 9 月第 1 版　　2021 年 9 月第 1 次印刷

中国法制出版社出版
书号 ISBN 978-7-5216-1992-8　　定价：32.80 元

北京市西城区西便门西里甲 16 号西便门办公区
邮政编码：100053　　传真：010-63141852
网址：http://www.zgfzs.com　　**编辑部电话：010-63141836**
市场营销部电话：010-63141612　　**印务部电话：010-63141606**

（如有印装质量问题，请与本社印务部联系。）